Paul Wislicenus

Die Geschichte der Elbgermanen vor der Völkerwanderung in ihren Hauptzügen

Paul Wislicenus

Die Geschichte der Elbgermanen vor der Völkerwanderung in ihren Hauptzügen

ISBN/EAN: 9783955640095

Auflage: 1

Erscheinungsjahr: 2013

Erscheinungsort: Bremen, Deutschland

@ EHV-History in Access Verlag GmbH, Fahrenheitstr. 1, 28359 Bremen. Alle Rechte beim Verlag und bei den jeweiligen Lizenzgebern.

DIE GESCHICHTE

DER

ELBGERMANEN

VOR DER

VOELKERWANDERUNG

IN IHREN HAUPTZUEGEN

VON

PAUL WISLICENUS.

HALLE,
EDUARD HEYNEMANN.
1868.

Vorliegende Arbeit ist die Frucht meiner letzten Studienzeit. Ursprünglich mit dem Gedanken beschäftigt, mich mit der Einführung des Christenthums unter den Saxen bekannt zu machen, und den Uebergang der Germanen aus ihrer Moral in die der neuen Religion zu ergründen, suchte ich mich an der Hand des Buches „Die Deutschen und die Nachbarstämme" von Kaspar Zeuss in die Germanische Vorzeit einzuführen. Allein das Buch, dessen grosse Bedeutung so allgemein anerkannt ist, beunruhigte mich, und vor Allem war es die Behandlung der Ausbreitung des Saxenstammes, welche mich zu selbständigen Untersuchungen anspornte, zumal Rettberg in seiner vortrefflichen deutschen Kirchengeschichte eine so völlig andere Auffassung darlegt.

Schritt für Schritt drang ich nun, noch ohne mehr im Auge zu haben als eine Orientirung in den Verhältnissen der Germanischen Völker vor und während der Wanderung in die Masse der Nachrichten hinein. Endlich fand ich mich gänzlich gefesselt; es wäre mir kaum möglich gewesen, mich wieder loszureissen. Da mir vielfach von Zeuss abweichende Ansichten gekommen waren, so trieb es mich, dieselben zu rechtfertigen, zu sichern. Und endlich unternahm ich geradezu eine Arbeit darüber.

Mir war klar geworden, dass Zeuss, welcher durchaus als Grundlage für die Kenntniss des alten Germaniens angesehen werden muss, doch in Beziehung auf die Einzelheiten den Stoff nicht hat bewältigen können. Denn eine Arbeit wie die seinige ist eine Herkulesarbeit, und in einer solchen Masse von zusammenhängenden Untersuchungen wird die einzelne oft karg wegkommen. Sein Buch umfasst mit weiten Gränzen alle Theile der Völkerwanderung und führt sie uns geordnet vor die Augen. Was er gethan, ist viel; allein er fordert auf, nun an seiner Hand die Glieder des Ganzen das er bietet zu untersuchen.

Ich habe lange gesucht, wo der Knoten der Räthsel des inneren Germaniens liegt, und habe ihn zuletzt an der Elbe gefunden. Dieser Strom bildete vor der Wanderung die Mitte Germaniens, wie nach der Wanderung die Gränze zwischen Deutschen und Slaven. In seinem Laufe berührt er alle Völker, deren Gewalt oder Zerfall Veränderungen weitgreifender Art hervorrief; an seinen Ufern kamen und gingen die Reiche und mächtigen Stämme der Germanen. Die Elbe bildet desshalb den Mittelpunkt meiner Arbeit.

Ich habe mich bestrebt, einige Fehler die Zeuss begeht, zu beseitigen. Das ist vor Allem seine Gewohnheit, Quellen die ein Jahrhundert und weiter auseinanderliegen, nebeneinanderzuhalten, durch einander zu ergänzen. So erhält er für die Hermunduren die Nordgränze von Caesar, die Ostgränze von Vellejus, die Südgränze von Ptolemäus, und die Westgränze von Dio Cassius. — Ferner gehört hieher die Schnelligkeit mit der er schwerwiegende Nachrichten bedeutender Quellen, wie z. B. des Tacitus Auswanderung der Bructerer, Ausdehnung der Chauken, etc. gänzlich verwirft. —

Die Quellen die in Beziehung auf meine Arbeit in

Betracht kommen, habe ich kennen gelernt. Weniger bin ich in der Litteratur bewandert, da ich mich hier, um nicht allzu viel Zeit zu brauchen, auf das Nothwendige und Nützliche beschränkt habe.

Zum Schlusse spreche ich der Hallischen Universitätsbibliothek meinen Dank aus für die liberale Weise, mit der mir die Benutzung derselben ermöglicht wurde.

Halle, den 2. Mai 1868.

Paul Wislicenus.

Kritischer Theil.
Erstes Kapitel.
Die Quellen.

Ptolemäus. [1]) Bei der Vergleichung der Karte mit dem Texte des Ptolemäus ergiebt sich ein auffallender Umstand; nämlich der, dass die Bestimmungen der Völker, welche der Text giebt, oft gerade nebensächliche Umstände bezeichnen, während die klarsten Merkmale nicht erwähnt werden. Dieses zeigt vor Allem die Stellung der *Ka-*

---

1) (Siehe die Karte hinten.) — Vielfach wird Ptolemäus bei Seite geworfen. Ich kann das nicht billigen, und nur dann verstehen, wenn ich annehme, dass die Herren welche das thun, nur seinen Text kennen, und sich seine Karte nicht nachgezeichnet haben. Ich rechne hieher vornehmlich v. Wietersheim, Völkerwanderung I, 288 ff. Sein Urtheil über Pt. ist das, dass er von Germanien, „bis auf die Lage der wichtigsten Orte an den Militärstrassen und einen verworrenen Notizenkram nicht die leiseste Kunde besass." Das klingt, als wenn dem Pt. hunderte von unerhörten Fehlern nachzuweisen seien. Allein wer die Gestalt der Deutschen Nordseeküste, z. B. der Elbmündung, so hübsch zu zeichnen verstand, wer so vorsichtig seine Völker aufzählte und den Gebirgen, Flüssen, Städten auf Zwölftel genau die Grade zuwies, der hat auch seinen „verworrenen Notizenkram" vorsichtig behandelt, vielleicht vorsichtiger, als Hr. v. Wietersheim den Ptolemäus. Und einen „verworrenen Notizenkram" darf man die Nachrichten, aus denen der $\vartheta\epsilon\iota\grave{o}\varsigma$ $\gamma\epsilon\acute{\omega}\gamma\rho\alpha\varphi o\varsigma$ seine Karte zusammensetzte, nicht nennen; die Verworrenheit ist bei einiger kritischer Vorsicht in ihren Grundzügen zu entwirren, und die sich nunmehr herausstellende Klarheit der Karte zeigt nicht, dass Pt. von Germanien nicht die mindeste Ahnung hatte. Aus $\Sigma\iota\alpha\tau o\upsilon\tau\acute{\alpha}\nu\delta\alpha$ und $O\dot{\upsilon}\iota\sigma\beta o\acute{\upsilon}\rho\gamma\iota o\iota$ (siehe dieses Kap. unten) ist nichts Bestimmtes zu entnehmen; ein Schreibfehler im Tacitus der Pt. vorlag: SIA für SVA kann an dieser Auffassung schuld sein.

λούκωνες. Dieselben kommen auf der Karte nothwendiger Weise mit dem Μηλίβοκον ὄρος in Berührung, und doch ist nur gesagt, dass sie unter den Silingen, und dass unter ihnen selbst die Cherusken und Chamaven wohnen. Die Lage dieser Letzteren ist nun wieder sehr unklar. Ὑπὸ δὲ τοὺς Σιλίγγας Καλούκωνες ἐφ' ἑκάτερα τοῦ Ἄλβιος ποταμοῦ, ἐφ' οὓς Χαιρουσικοὶ καὶ Καμανοὶ μέχρι τοῦ Μηλιβόκου ὄρους, ὧν πρὸς ἀνατολὰς περὶ τὸν Ἄλβιν ποταμὸν Βαινοχαῖμαι... Die wichtige Bestimmung für die Cherusker und Chamaven μέχρι τοῦ Μηλιβόκου ὄρους ist in diesem Zusammenhange unverständlich: und zwar aus folgenden Gründen: Die Kalukonen müssen dem Melibokus nördlich gesetzt werden. Sollten sie daneben kommen, so würde die Elbe noch weiter nach Osten ausgebogen werden müssen, wenn die Bestimmung ἐφ' ἑκάτερα τοῦ Ἄλβιος ποταμοῦ für die Kalukonen ausführbar sein sollte. Nun sind aber unter den Kalukonen der Harz und die Βαινοχαῖμαι. Wenn die Cherusker und Chamaven im Westen der Βαινοχαῖμαι stehen sollen, so müssen sie jedenfalls dem Harze südlich gesetzt werden. Woher nun die umständliche unklare und sonderbare Bestimmung: unter den Kalukonen Cherusker und Chamaven bis an den Harz? Das μέχρι kann eigentlich doch nur von den Kalukonen aus verstanden werden. Und zugleich wird die Σημανοὺς ὕλη gänzlich ignoriert. — Ebenso muss es auffallen, dass weder die Langobarden = Sueben, noch vor Allem die Angeln, noch die Semnonen nach den in der Karte ihnen südlichen Gebirgen bezeichnet sind, dass vielmehr der einzige geographische Erkennungspunkt der ihnen beigegeben, die Mitte der Elbe ist. — Von den Τευριοχαῖμαι ist nicht gesagt, ob sie bis zur Elbe reichen, während doch der nördliche Abhang der Σουδητα ihnen allein zuertheilt wird. — Endlich wird uns in Betreff der Kalukonen, Cherusker und Chamaven eine andere Eigenthümlichkeit auffallen: nämlich die, dass bis hieher alle Stämme in Reihe und Ordnung aufgezählt wurden, dass aber, nachdem die Burgunden genannt sind, die folgende Reihe die ist: unter den Semnonen die Silingen, unter den Burgunden die Ligier bis zum Askiburgium. Erst dann kommen unter den Silingen die Kalukonen, Cherusker und Chamaven. Die Ligier sogleich nach den Burgunden aufzuführen, war, des Gebirges wegen, aller Grund vorhanden; nicht so bei den Silingen. Sie konnten ja erst nach den Ligiern, an der Spitze der diesen folgenden Reihe genannt werden. — Dass Ptolemäus den Text erst nach Beendigung der Karte von dieser abgesehen hat, ist offenbar, denn sonst würden nicht Fehler vorhanden sein wie der, dass die Cherusker westlich neben den Böhmenbewohnern stehen, und zugleich an den Harz reichen. Dass aber bei der Abfassung des Textes ein andres Motiv mit im Spiele war, welches dem Verfasser hineinspielte, scheint mir, wegen der obigen Sonderbarkeiten, klar. Das Motiv war entweder das, dass er seine Quellen neben der Karte liegen hatte und sich bei Abfassung des Textes nach beiden Theilen richtete, oder, dass er doch wenigstens seine Erinnerung an die Bestimmungen seiner Quellen bei Niederschreibung der aus der Karte geschöpften Bestimmungen stark mit walten liess. Wo er durchaus unsicher war ob nicht seine Zeichnung den Quellen widerspräche, schrieb er nur diejenigen Merkmale nieder, in denen sie äusserlich übereinstimmten. — Wenn wir nun die Fehler der Karte betrachten, so fallen uns vor Allem drei auf. Erstens die Rheinvölker, und zwar die Stellung der Sueven daselbst, und zugleich die fremden Namen zwischen Tenkterern und Usipeten; zweitens die Stellung der Cherusker, Chatten und *Βαινοχαῖμαι*, mit dem Lauf der Oberelbe; und drittens die Stellung des *Ἀσκιβούργιον ὄρος*, und die Einschränkung der Ligier und Burgunden. Das *Ἀσκιβούργιον ὄρος* kann nur das Riesengebirge sein, hinter welchem Tac. (G. 43) die Ligier nennt. Dieser Fehler ist also bald zu verbessern; man ziehe das Gebirg, und mit ihm die Oberelbe, nach Süden, bis die Nordwestspitze des Gebirges mit der Ostspitze der *Σούδητα* sich berührt; zwischen beiden Spitzen hindurch führe man die Elbe, ein Stückchen südlich von dieser Stelle lasse man die Quelle, welche „im Westen der Weichsel" ist und „in die Elbe fliesst" in den Strom münden, so ist ein Hauptfehler verbessert. Nun theile man den Raum zwischen der Südostspitze des Gebirges und den Ostseevölkern in drei Theile; den nördlichen gebe man den Burgunden, den mittleren den Ὀμανοί, den südlichen am Gebirge den Δοῦνοι. Jetzt erhalten die Semnonen ihren Platz: von der bei der Saalmündung liegenden Mitte der Elbe reichen sie nach Osten bis zur Oder, wo ihnen gegenüber die Burgunden stehen. Der Mitte der Elbe im Süden sind die Angeln aufzustellen, weit nach Westen reichend, und zwischen ihnen und dem Rhein die Langobarden = Sueben. Die beiden letzteren Völker verdrängen nun die Kalukonen, Cherusker, Chamaven, Chatten, Tubanten, und die Völker zu beiden Seiten der Ἄβνοβα, aus ihren Sitzen. Von diesen werden die Chatten und die Langobarden = Sueben Eins sein, da wir wissen, dass vor- wie nachher die Chatten Sueben heissen, und dass sie die Gewohnheit hatten, Haar und Bart lang wachsen zu lassen.[1] Zeuss stellt diese Langobarden = Sueben durch Vereinigung der Ἰγγρίωνες, Ἰντονέργοι, Οὐαργίωνες und Καριτνοί mit den Chatten her, und zwar nicht ohne Grund.[2] Wohin die Kalukonen, Cherusker und Chamaven gehören, wird ebenfalls zu entscheiden sein. Die Bestimmung μέχρι τοῦ Μηλιβόκου ὄρους ist von den Kalukonen aus zu nehmen, die Kalukonen sind von den Silingen zu scheiden, sie bilden mit Cheruskern und Chamaven eine besondere Gruppe, einen Splitter, der fälschlich an diese Stelle gerathen ist. Ebenso sind die Cherusker von den Βαινοχαῖμαι zu trennen; Nichts aber zwingt dazu, die Chamaven von den Chatten zu scheiden. Somit werden Kalukonen, Cherusker und Chamaven die

---

1) S. das folgende Kapitel (Cap. II.).
2) Z. 94, 95, 99. S. Cap. II.

Stelle der Angeln im Norden des Harzes erhalten. Noch leichter ist Böhmen herzustellen. Mit der Oberelbe kommen auch die *Βαινοχαῖμαι*, mit diesen die *Βατεινοί*, mit dem Riesengebirge die *Κορκοντοί* und *Λοῦγιοι Βοῦροι* in den Süden der *Σούδητα ὄρη*. Die *Βαινοχαῖμαι* werden wol sämtliche Bewohner Böhmens bezeichnen, also Markomannen, Sudenen, Bateinen, Korkonten. Die Buren gehören ihrer Bestimmung gemäss zwischen die Korkonten und die Weichselquelle; *Σίδωνες*, *Κῶγνοι* und *Ούισβούργιοι* gehören zwischen sie und die Quaden. Besser als der Harz ist die *Σούδητα* weggekommen: *ὑπὲρ τὰ ὄρη Τευριοχαῖμαι, ὑπὸ δὲ τὰ ὄρη Ούαριστοὶ εἶτα ἡ Γάμβρητα ὕλη* ist eine klare Bestimmung. Die *Κασουάριοι*, *Νερτεριάνες* und *Δανδοῦτοι* gehören, wie Tac. G. 34 und Namensüberreste an der oberen Hase beweisen,[1]) an die Nordspitze der *Άβνοβα*, während eine Andeutung des Ptolemäus selbst (*Γρανιονάριον*) die *Τοῦρωνοι* auf das Grabfeld, und somit die ihnen südlichen und den Varisten westlichen *Μαρονίγγοι* in's obere Mainthal verweist. Die auf diese Weise korrigierte Ptolemäuskarte bietet der Geschichtsforschung die reichsten Schätze dar. — Auf die Erforschung der Quellen des Ptolemäus konnte ich mich nicht einlassen. Die Karte scheint im Ganzen in zwei Quellen zu zerfallen: der Einen sind die Sammelnamen der Langobarden = Sueben und Bojohämen, der Anderen die Einzelnamen der Chatten, Ingrionen, Intvergen, Vargionen und Karitner, und der Markomannen, Sudenen, Bateinen und Korkonten, speziell zuzuweisen. Der letzteren Quelle jedoch werden ohne Zweifel nicht sämtliche Einzelnamen zufallen. Einige sind vielmehr direkt Tacitus zuzuschreiben. In seiner kleinen Ausgabe des Ptolemäus macht Nobbe zu *Σιατουτάνδα* die frappante Anmerkung, dass dieser Ort von Tac. herzurühren scheine, und zwar Ann. IV, 73: soluto iam castelli obsidio et ad sua tutanda digressis rebellibus. Eine ähn-

---

1) S. Cap. IV.

liche Uebereinstimmung mit Tac. findet sich noch in den hinter den Quaden genannten Namen Σίδωνες, Κῶγνοι, Οὐισβούργιοι. Die Κῶγνοι erklärt Zeuss¹) mit Recht für die Cotini des Tac., Οὐισβούργιοι aber sind für ihn die Bewohner eines Ortes Wisburg, eine unerhörte Art Germanischen Volksstammes. Wenn man die Stelle des Tac. in welcher die Cotini erwähnt werden mit den drei Völkernamen vergleicht, so wird die Aehnlichkeit alsbald im höchsten Grade auffallen. Retro Marsigni Cotini Osi Buri terga Marcomanorum Quadorumque claudunt.²) RETROMAR SIGNI COTINI OSIBVRI (OISBVRGI)... — Dass die Karte wesentlich aus Quellen verschiedener Zeiten zusammengearbeitet sei, glaube ich nicht; dass aber Einiges früheren Quellen angehört, halte ich für sicher. Hieher möchte ich ausser den Οὐισβούργιοι die Βουσάκτεροι οἱ μείζους zählen, deren späteres Vorkommen durchaus in Frage gestellt ist.³) — Es ist mir in Berlin durch die Güte des Herrn Oberbibliothecars Pertz und des Herrn Dr. Rose möglich geworden, den Codex vom Athos, von Peter von Sewastianoff Paris 1867 photolithographisch nachgebildet, durchzugehen. Er hatte keine neuen Ergebnisse für mich. Der Text ist vortrefflich, fast fehlerfrei; die Karte dagegen ist nicht vom selben Werthe. Sie scheint zuerst gezeichnet, und dann später durch einen ziemlich ungeübten Farbenkünstler übermalt zu sein. Wollte man den Farben folgen, so würden Küsten, Flüsse und Gebirge uns sehr irre leiten. Die blauen Flecken im Süden, die die Farbe des Meeres tragen, scheinen Gebirge zu bedeuten; allein es fehlen Einige, und der grüne einen Fluss bezeichnende Strich an dessen nördlichem Ende Ἄλβις ποταμός steht, scheint von der Rauhen Alp her durch's Gebirge hindurchgeführt, ein Absurdum, das indess

---

1) Z. 123.
2) T. G. 43.
3) S. Cap. IV.

in alten Zeiten öfters stattfindet. Sieht man von den Farben ab, so ist die Zeichnung der Karte mit einiger Aufmerksamkeit in ihren Grundzügen noch zu erkennen. Sie ist im Wesentlichen richtig. Den obern Lauf der Elbe bezeichnet der noch sichtbare Name des Flusses, und eine stückweise erhaltene Linie, auf die man durch den Namen aufmerksam wird. Auch die Ostseeflüsse sind zum Theil von Namen begleitet. Von den Namen der Gebirge ist Ἄβνοβα ὄρη, Μηλίβοκον ὄρος, Γαβρῆτα, mit Mühe Σούδητα zu erkennen, auch die Σημανοῦς ὕλη ist an der südöstlichen Ecke des Μηλίβοκον verzeichnet. Σαρα und darunter Σαρμεκα scheinen Ansätze für Σαρματικὰ ὄρη; der grosse blaue Fleck darunter ist also an die falsche Stelle gerathen. Μηλίβοκον, Σημανοῦς und Σούδητα sind gemeinschaftlich gebläut, Ἄβνοβα ist vergessen, und die Alp scheinbar in zwei Klecksen angedeutet worden, wenn nicht der westliche der beiden das Quellgebirge des Rheins und der Donau bezeichnen soll. Die Namen des Ἀσκιβούργιον ὄρος, des Ὀρκύνιος δρυμός und der Λοῦνα ὕλη fehlen; ungefähr an der Stelle des Ἀσκιβούργιον ist ein grosser grüner Fleck. Von den Völkernamen sind einige allerdings vorhanden, und zwar: auf dem Festlande an richtiger Stelle Τευτονοάροι und συῆβοι σεμνονες in dieser Stellung; zwischen diesen findet sich der Name der Οὐίρουνοι, verderbt Οὐιρωός; neben den Τευτονοάροι findet sich eine Spur von Schrift. Deutlicher sind die Namen auf der Halbinsel erhalten; σιΓουλωνες, σαβαλ(ιγγιοι) stehen am Eingange, die Κοβανδοί dagegen, die man sonst neben die Σαβαλιγγιοι an die Ostseeküste setzt, stehen an der Nordseeküste, über den Σιγούλωνες; neben ihnen die Χάλοι, über den Κοβανδοί die Φουνδοῦσοι, neben diesen ist eine Schriftspur. Die Ostseeküste ist durch Κιμβρικὰ χσερόνος verderbt für χερσονῆσος eingenommen. Auf den Inseln zeigen sich zum Theil verderbt die Namen. Auf der Karte Gallien's findet sich in ziemlich anderer Gestalt der Rhein, rechts von demselben viele einzelne Buchstaben, die ich leider nicht habe entziffern können. — Es scheint mir, dass die Karte ganz mit den Völkernamen versehen war. Vielfach scheinen sich Schriftspuren zu zeigen, und nur ein ziemlich bedeutender Ueberzug von Schmutz scheint sie verwischt zu haben. Zum Theil mag der Bemaler am Verluste der Namen schuld sein, besonders wegen seiner Vorliebe, die Städtenamen mit grossen, rothen Vierecken einzufassen; so ist grade der unwichtigste Theil der Karte durch ihn verewigt. Die Karte steckt voller Schreibfehler, so dass fast die Vermuthung auftauchen kann: sie sei nicht von dem Schreiber der Handschrift. — In der Handschrift, die übrigens mit der Lesart welche Zeuss im Anhang giebt ziemlich genau übereinstimmt, bieten einzig einige Völkernamen Neues: Σουῆβοι Λαγγουβάρδοι, Ἀνγριγονάριοι, Κασουάροι, Νερτιάναι sind abweichend, aber nicht für falsch zu erachten; Ἰουστίλα, Σöῆβοι, Ὀρκύνιος, Ἄλπιος kommen vor; Ζαχάται (Ῥαχάται) scheint Schreibfehler. Die Schreibart οἱ πρὸς τοῖς κάμποις Ῥαχάται ist hier bestätigt; doch zwingt dieses noch nicht, sie auch im Original des Pt. anzunehmen [1]). —

Tacitus. Die Vortrefflichkeit der historischen Nachrichten des Tac. ist allgemein anerkannt. Allein die Germania giebt, wie alle geographischen Werke der Alten, viel zu entwirren. Denn mit Hülfe unsrer guten Karten sind zwar wir im Stande, genaue geographische Studien zu machen, allein da den Alten diese Hülfsmittel fehlen, so musste selbst der gründlichste Gelehrte auf einem Boden arbeiten, der ihm unbekannt war, und eine Menge von Nachrichten durchaus unbestimmter Art mit einander zu vereinigen suchen. So auch Tac. in der Germania, zu welcher er augenscheinlich keine Karte gehabt hat, da seine Angaben durchaus den Charakter von Nach-

---

1) Zeuss meint, dass πρὸς τοὺς Κάμπους zu lesen sei. Ich halte das für das Richtige. Dieser Fehler kann schon lange vor der Athoshandschrift entstanden sein. πρὸς τοῖς κάμποις würde auch auf Τεραχατρίαι und Βαῖμοι passen.

richten tragen. — Die Hauptschwierigkeiten der Germania liegen in den Kapiteln 33, 34, 35, 36, 41, und 42, d. h. in den Angaben über Bructerer, Angrivarier, Chauken und Hermunduren. Viele haben sich bisher entschlossen, die Unebenheiten wegzuschneiden, den Gordischen Knoten zu zerhauen; das verbieten jedoch die Merkmale, um welche es sich hier handelt; klar und sicher sind die Angaben, und nur eine sorgfältige Vergleichung mit den sonstigen Nachrichten des Tac. über dieselben Begebenheiten und mit den übrigen Schriftstellern erlaubt eine Lösung der Fragen. — Dieses ist nicht der Ort für die Lösung; ich habe sie an den betreffenden Stellen versucht.

Zweites Kapitel.
Die Suebischen Hauptstämme.

Caesar: Suevi. Die Suevi mit denen Caesar zu schaffen bekam, sind ohne Zweifel derjenige Theil der Sueben, welcher, in einem gewaltigen Staatswesen vereinigt, vorzugsweise diesen Namen trug. Dass die Sueben noch weiter reichten als Caesar angiebt, geht augenscheinlich aus Strabo hervor (VII, 3): μέρος δέ τι αὐτῶν (τῶν Σουήβων) καὶ πέραν τοῦ Ἄλβιος νέμεται, καθάπερ Εὐμόνδοροι καὶ Λαγκόσαργοι· νῦν δὲ καὶ τελέως εἰς τὴν περαίαν οὗτοί γε ἐκπεπτώκασι φεύγοντες. Strabo hat wohl die Auswanderung der Hermunduren nach Böhmen, welche Dio Cassius (LV, 11) erzählt und noch Procopius von Caesarea (B. G. I, 12) zu wissen scheint, und vielleicht das Zurückweichen der Langobarden vor dem Römischen Heere, welches Vellejus (II, 106) unbestimmt andeutet, in Uebertreibung gehört und giebt es wieder. Hinter der obigen Stelle des Strabo scheint jedoch mehr zu stecken, nämlich eine dunkle, bisher unbekannte Nachricht, dass die Sueben weit über die Elbe hinüberreichten. Somit hätte Caesar nur einen diesseits der Elbe gelegenen Staat Suebischer Stämme, nicht aber alle diesen Namen führenden Stämme, unter dem Namen Suevi gekannt. — Westgränze. Caesar B. G. I, 54: Hoc proelio trans Rhenum nuntiato Suevi, qui ad ripas Rheni venerant, domum reverti coeperunt; quos Ubii, qui proximi Rhenum incolunt, perterritos insecuti, magnum ex his numerum occiderunt. Die Sueben waren also an den Rhein, an welchem die Ubier wohnten, gekommen, und zogen nun vom Flusse aus nach Hause zurück. Dass die Sueben den Rhein damals nicht berührten, sagt Caesar noch B. G. IV, 3: Itaque una ex parte a Suevis circiter milia passuum sexcenta agri vacare dicuntur. Ad alteram partem succedunt Ubii ... et paulo sunt ejusdem generis ceteris humaniores propterea quod Rhenum attingunt. Die Ubier wohnten also am Rhein, hinter ihnen die Sueben. Dass die Ubier den Treviren gegenüber wohnten, zeigt Caes. B. G. VI, 9. — Südgränze. Caes. B. G. IV, 3: Publice maximam (Suevi) putant esse laudem quam latissime a suis finibus vacare agros ... Itaque una ex parte a Suevis circiter milia passuum sexcenta agri vacare dicuntur. Ad alteram partem succedunt Ubii ... Dasselbe VI, 23. Diese Wüste kennt noch Ptolemäus, unter dem Namen der Helvetischen Wüste [1]), die Gegenden des heutigen Baden, Würtemberg, und Baiern nördlich der Donau. Die Wüste wird wohl südlich des sogenannten Hercynischen Waldes (Taunus, Spessart, Rhön, Thüringer- und Frankenwald) begonnen haben, so dass also dieser Wald die Sueben südlich begränzt hätte. — Nordgränze. Caes. B. G. VI, 10: Suevos omnes ... penitus ad extremos fines se recepisse: silvam esse ibi infinita magnitudine, quae appellatur Bacenis; hanc longe introrsus pertinere et pro nativo muro obiectam Cheruscos ab Suevis Suevosque ab Cheruscis iniuriis incursionibusque prohibere. Somit war Bacenis, der Harz, die Nordgränze der Sueben. — Ost-

---

1) Die „deserta Boiorum" (Plin. NH. III, 24) gehören nicht hieher; sie sind nach Mommsen Römische Geschichte (Berlin 1865) I, 676 Anm. und II, 169, 170 Anm. beim Plattensee zu suchen.

gränze. Diese könnte man für schwankend erklären, wenn man zusammenhält: penitus ad extremos fines, und (ibid.): ad eius initium silvae Suevos adventum Romanorum exspectare constituisse, und anderseits die Angabe, dass die Sueben von den Cheruskern durch den Harz geschieden seien. Der scheinbare Widerspruch löst sich, wenn man: penitus ad extremos fines ... silvam ibi esse ... zusammenhält. Der Harz bildet die äusserste Gränze des Suebenlandes. An diese äusserste Gränze zogen sich die Sueben zurück, und zwar an ihr westliches Ende. Allein wenn der Harz die äusserste Gränze war, so können die an der Saale und zwischen dieser und der Elbe sich ausbreitenden Gegenden nicht den Sueben gehört haben, vielleicht aber den in derselben Stelle genannten socii derselben, die, da Cäsar keinen Specialnamen für sie kennt, ohne Zweifel selbst Sueben, vielleicht die Hermunduren waren. So wären die westlichen Sueben der Stamm, der später Chatten genannt ward? Jedenfalls bestanden alsdann die Einzelnamen noch nicht neben dem Gesammtnamen, da sonst Caesar dieselben von den Ubiern erfahren hätte. Dass die Sueben jedoch, trotzdem dass hier ihr westlicher Theil in gewissem Grade gesondert erscheint, eine gemeinsame staatliche Vereinigung hatten, scheint mir sicher. Es geht aus den Worten hervor: ... Suevos omnes in unum locum copias cogere atque iis nationibus, quae sub eorum sint imperio, denuntiare, ut auxilia peditatus equitatusque mittant. Ein imperium ist hier nicht anzunehmen, Caesar fasst das Verhältniss offenbar falsch auf; zumal wenn er später von socii spricht, so zeigt sich, dass der Begriff dieser Genossen oder Unterthanen bei ihm nicht klar war. Und das Fehlen der Namen beweist, dass von unterthänigen Völkern nicht wohl die Rede sein kann. Das Verhältniss scheint vielmehr dieses zu sein: Zwischen den einzelnen Theilen des grossen Suebenstammes bestand zur Zeit Caesars eine Ordnung der allgemeinen Hülfe, wenn dem einen Theil Gefahr drohte. Angriffsweise konnten wol die einzelnen Theile vorgehen, wie die Chatten, die den Ubiern das Leben schwer machten; Schutz und Trutz aber war gemeinschaftlich, und bei drohender Gefahr ging der Befehl allgemeiner Rüstung an alle Theile. Das Heer sammelte sich an den äussersten Gränzen des nächstbedrohten Theiles, und erwartete den Feind.

Hermunduri. Wir finden die Hermunduren nur bei Vellejus [1]) an der Elbe. Zeuss hat demnach Unrecht, wenn er ihnen diesen Fluss bis zur Völkerwanderung als Ostgränze anweist. Denn Ptolemäus widerspricht diesem direkt. Er kennt gar keine Hermunduri mehr; die Herleitung des Namens Τευριοχαῖμαι aus Hermunduri bei Zeuss [2]) ist gänzlich zu verwerfen. Seine Hypothese, Χαῖμαι durch Herminones zu übersetzen, stützt sich auf seine Erklärung der Endung χαῖμαι in Τευριοχαῖμαι, und diese wiederum stützt sich auf die Uebersetzung von Χαῖμαι durch Herminones. Beide schweben also in der Luft. Wenn Χαῖμαι Herminones wären, so würden auch Ingaevones, Istaevones etc. nicht fehlen, und diese würden sämtlich als sehr grosse Völker erscheinen. Χαῖμαι sind vielmehr mit Chamavi zusammenzuhalten [3]). Die gleichlautende Endung in Τευριοχαῖμαι aber findet sich in Βαινοχαῖμαι wieder, das Bajohaemi ist. Τευριοχαῖμαι ist am Ersten Turiohaemi wiederzugeben; es ist bereits der Volksname Turingi, mit veränderter, vom Namen des Landes abgeleiteter Endung haemi aus haemum, Thüriheimer von Thüriheim, wie umgekehrt (die Endung des Landesnamens vom Volksnamen abgeleitet) Thüringen von Thüring. Seit der Germania des Tac. werden die Thüringischen Hermunduren nicht mehr genannt, und auch in eben dieser letzten Nachricht erscheinen sie ganz verschwommen. Spätere Nachrichten über Hermunduren gehören den in Böhmen angesiedelten an [4]).

---

1) V. P. II, 106.
2) Z. 103.
3) K. Th. IV.
4) K. Th. III

Alles was wir von den alten Thüringischen Hermunduren wissen, beschränkt sich darauf, dass sie langhin die Elbe begleiteten [1]; dass sie unter dem Namen Suevi, durch die Züge des Drusus nicht berührt wurden [2]; und dass um's Jahr 3 v. Chr. ein mindestens beträchtlicher Theil derselben nach den Römischen Donauprovinzen auswanderte, und vom dortigen Statthalter an der Moldauquelle in Böhmen angesiedelt wurde [3]. Ausserdem finden wir ihren Namen in T. G. 41 wieder. Vibilius und seine Hermunduren, die uns in den Annalen entgegentreten, sind ebenfalls nach Böhmen zu verweisen [4]. In der Germania dagegen weist die Bestimmung der Sitze der Hermunduren nicht eben nach Thüringen, aber doch in das obere Mainthal. Nachdem er Semnones, Langobardi, Reudigni, Aviones, Anglii, Varini, Eudoses, Suardones, Nuitones in ganz unbestimmten Zügen vorgeführt hat, gesteht Tacitus (G. 41): Et haec quidem pars Sueborum in secretiora Germaniae porrigitur: proprior, ut quo modo paulo ante Rhenum, sic nunc Danuvium sequar, Hermundurorum civitas, fida Romanis; eoque solis Germanorum non in ripa commercium, sed penitus atque in splendidissima Raetiae provinciae colonia ... In Hermunduris Albis oritur, flumen inclitum et notum olim, nunc tantum auditur. — Und G. 42: Iuxta Hermunduros Naristi, ac deinde Marcomani et Quadi agunt. Praecipua Marcomanorum gloria viresque, atque etiam ipsa sedes pulsis olim Boiis virtute parta. Nec Naristi Quadive degenerant Eaque Germaniae velut frons est, quatenus Danuvio praecingitur. — Der letzte Satz scheint nur Naristen, Markomannen und Quaden zu betreffen, und die Hermunduren hätten somit die Donau nicht berührt. Allein ganz sicher lässt sich dieses nicht behaupten; denn die frons Germa-

---

1) V. P. II, 106.
2) D. C. LV, 1.
3) D. C. LV, 11. K. Th. III.
4) K. Th. III.

niae kann ebensogut sich auf sämtliche Völker beziehen die aufgezählt werden, wenn Tac. der Donau folgt. Das iuxta theilt zwar für uns ein Kapitel, nicht aber für den Verfasser vier Donauvölker unter einander ab. Gleichwol, oder besser eben deswegen, bleiben die Hermunduren dieser Stelle dunkel. Ein Wenig aufzuklären sind sie dadurch, dass der Satz In Hermunduris Albis oritur ... den Böhmischen Hermunduren zugewiesen werden muss [1]). Allein nicht ebenso lässt sich über die Angaben wegen der freundschaftlichen Handelsbeziehungen entscheiden; wem diese zuzuschreiben sind, bleibt dunkel. Und ähnlich geht es mit der Bestimmung, dass die Hermunduren unter den Donauanwohnern aufzuzählen seien. Möglicherweise ist die Angabe: propior, ut quo modo paulo ante Rhenum, sic nunc Danuvium sequar, Hermundurorum civitas, und mit ihr das ganze Cap. 41, von der Bestimmung: Iuxta Hermunduros Naristi ac deinde Marcomani et Quadi agunt zu trennen. Indessen möchte ich diese Ansicht bei genauerer Ueberlegung doch verwerfen. Dass den Naristen im Westen damals noch Hermunduri sassen, geht aus der Reihenfolge der Donauvölker in Cap. 42 hervor. Nach demselben Cap. und anderen Zeugnissen bewohnten die Markomannen zu jener Zeit Böhmen; die Naristen, bei Ptolemäus südwestlich des Franken- und Böhmerwaldes, sassen demnach bei Tacitus schon an ebenderselben Stelle. Die Quaden, die letzten in der Reihe, wohnten in Mähren. Wenn nun aber die Hermunduren noch, wie früher, nördlich vom Thüringer- und Frankenwald gewohnt hätten, so wäre es widersinnig gewesen, sie unter den Donauvölkern aufzuzählen. Sie hätten dann, ebenso wie die Semnonen, in secretiora gereicht, da Tac. den Thüringerwald nicht kennt, und wären nicht propiores gewesen. Nun findet sich bei Tac. [2]) die Nachricht von einem Kriege der Hermunduren und Chatten unter einander, in dem es sich um den Besitz eines

---

1) K. Th. III.
2) Ann. XIII, 57.

salzreichen Gränzflusses handelt. Zeuss hält diesen Fluss für die Werra[1]), und es ist in der That kein anderer vorhanden, der an ihre Stelle treten könnte. In dem Kriege bleiben die Hermunduren Sieger. Da die Salzquellen südlich sich bis Suhl ziehen, so haben die Hermunduren in jenem Kriege die Werra erobert. Ohne Grund behauptet Zeuss, dass die Hermunduren nie im Süden des Waldgebirges gewohnt haben; er widerlegt vielmehr dadurch, dass er den Salzfluss für die Werra erklärt, seine Behauptung selbst. Denn einmal im Besitz dieses Flusses, hatten sie bereits das Waldgebirge das bei ihnen in Betracht kommt, nämlich den Thüringer Wald, überschritten, und das Maingebiet stand ihnen offen. Ebenso grundlos ist auch die gleiche Behauptung Brückners (Neue Beiträge, herausgegeben vom Hennebergischen Alterthumsverein); denn selbst gesetzt den Fall, dass der Rennstieg wirklich eine Gränze bezeichnet, so liegt doch auf der Hand, dass dieses nicht die neu eroberte Gränzlinie der Hermunduren war. Denn die Salzquellen südlich des Rennstiegkopfes sind hierin nicht mit begriffen. Hätten nun dort südlich auch Chatten gewohnt, wovon jedoch keine einzige Quelle weiss (Tac. kennt die Chatten einzig im Norden der Rhön, des Spessart und des Vogelsberges) so würden doch ohne Zweifel die Thüringer auf der rechten und nicht auf der linken Seite der Werra die Chatten vertrieben haben. Dieses heisst die einfache Stelle im Tacitus zusammenschrauben und verderben, was Herr Brückner aber noch mehr in Beziehung auf die Stelle der Germania über die Hermunduren gethan hat. Tacitus geht da selbst sowohl den Rhein, als auch die Donau hinab; dass er von Nord nach Süd rechne ist unrichtig. Von den Chatten zu den Brukterern heisst nicht nach Süd wandern, ebenso wenig von der Mündung des Regen bis zu der der March. — Ich erlaube mir wegen des Sieges der Hermunduren über die Chatten, die

---

1) Z. 97.

fragliche Stelle in der Germania so auszulegen, dass zur Zeit ihrer Abfassung [1]) die Hermunduren sich bis an oder über den oberen Main ausgebreitet hatten. Denn wenn sie erst die Werra besassen, so ist eine derartige Ausdehnung nach Süden, wo ihnen kein Gebirge, kein starkes Volk entgegenstand, kein Wunder mehr. Wollte man die Wasserscheide der Weser und des Mains zwischen dem Frankenwald und der Rhön für ein „Waldgebirge" halten, so müsste man sagen, dass die Chatten gänzlich auf einem weit ausgedehnten „Waldgebirge" gewohnt hätten, da Hessen ebenso hügelig ist, wie jene Werra- und Maingegend [2]). Man könnte einwenden, dass ja in diesem Falle die Kämpfe der Chatten und Hermunduren eben so gut der Fränkischen Saale hätten gelten können, wie der Werra. Das halte ich nicht für unmöglich, aber für unwahrscheinlich. Denn in diesem Falle wären die Chatten aus den der Saale östlichen Gegenden vertrieben worden, weil Tacitus nach diesem Kriege den Hercynischen Wald deutlich als ihre Südgränze angiebt. Alsdann aber mussten die Hermunduren gleichwol erst das Werragebiet erobern. Ueberdiess würde die Saale nicht flumen conterminum heissen.

$\Sigma o v \tilde{\eta} \beta o \iota\ \text{'}A \gamma \gamma \varepsilon \iota \lambda o \iota.\ \Sigma o v \tilde{\eta} \beta o \iota\ \Lambda a \gamma \gamma o \beta \acute{a} \varrho \delta o \iota.$
Man kann es nicht genug bedauern, dass Tac. über die Elbvölker so mangelhaft unterrichtet ist, wie auch, dass Vellejus die Namen der Völker welche am rechten Ufer der Elbe in Waffen den Römern gegenüberstanden, nicht nennt. Wir würden alsdann wahrscheinlich ein Mittelglied finden für die Begebenheiten, welche den mittleren der Suebischen Hauptstämme so gänzlich umgestalteten. So ist es uns nur gestattet, mit Vermuthungen die Kluft auszufüllen. Zuerst ist festzustellen, wer die $\Sigma o v \tilde{\eta} \beta o \iota\ \text{'}A \gamma \gamma \varepsilon \iota \lambda o \iota$ des Pto-

---

1) Um 98. Also ca. 40 Jahre nach der Eroberung der Werra.
2) „Chattos suos saltus Hercynius prosequitur simul atque deponit" (T. G. 30) ist ein Zusatz zum Vorhergehenden. Der H. saltus ist, wie mir scheint, hier die $\text{'}A\beta\nu o\beta\alpha$ des Ptolemäus, und der Spessart, die Rhön, und der Vogelsberg.

lemäus sind. Sie werden nicht anders erklärt werden können, als durch die Anglii des Tac., und die Anglii, welche im Bunde mit den Saxen und Jüten sich Britanniens bemächtigten, das Land besiedelten, und ihm bis auf unsere Zeit den Namen gegeben haben. Denn wenn sie von diesen Angeln zu trennen wären, so würden jene sich wahrscheinlich bei Ptolemäus als ein zweites Angelnvolk, in einer anderen Gegend finden. Ptolemäus aber kennt nur einen Stamm der Angeln, und es findet sich bei ihm kein Volk, von dem zu vermuthen wäre, dass es, unter anderem Namen, mit den Anglii des Tac. dasselbe sei. Wollte man, wie Zeuss[1]), auf die Nebeneinanderstellung der Anglii und Varini bei Tac. Werth legen, so würde man sich auf durchaus unsicherem Boden befinden, da hier eine Reihe von vernommenen Namen einfach, ohne Sinn und Ordnung, aufgezählt ist[2]). Die Ἀγγειλοί des Ptolemäus sind wahrscheinlich identisch mit den späteren Besiedlern von England. Sie nahmen einen bedeutenden Raum ein. Ihr Name steht als der des ersten unter den drei grössten Völkern des Germanischen Binnenlandes; sie kommen an Grösse den Semnonen, den Burgunden gleich. Das ist ein unumstössliches Zeugniss. Zeuss hat Unrecht, wenn er ihnen die Gegend „um die untere Saale längs der Elbe etwa bis über die Ohre hinab" anweist, die Hermunduren aber mit den Τευριοχαῖμαι, auch in Beziehung auf die Ausdehnung der Wohnsitze, zusammenwirft. Abgesehen davon, dass die Namen verschieden sind (S. oben), widerspricht Ptolemäus dieser Beschränkung der Ἀγγειλοί durch die Τευριοχαῖμαι deut-

---

1) Z. 132. Auch Müllenhoff in den Nordalb. Studien, und Grimm, Geschichte der Deutschen Sprache.

2) Es hiesse auch Tac. zu viel zumuthen, dass er mit Aengstlichkeit die Reihenfolge der Namen festhalten solle, von der er sonst nicht spricht. Auch sein Berichterstatter wird schwerlich sich aufgezeichnet haben, dass dieses die Reihenfolge sei. Wenn er das bestimmt gewusst hätte, so würde Tac. örtliche Bestimmungen beifügen, und nicht die Namen so nackt herzählen.

lich ¹). — Ostgränze. Die Wohnsitze der Ἄγγειλοι lassen sich bestimmen. Im Osten gränzen sie an die Elbe, den Semnonen gegenüber. Die Semnonen reichen von der Mitte der Elbe östlich zur Oder. Die Mitte der Elbe ist ungefähr die Saalmündung, da Ptolemäus die Moldau für die Oberelbe nimmt, während die jetzige Elbquelle bei ihm ein

---

1) P. Munch in „Det norske Folks Historie," übersetzt von Claussen (Lübeck 1853) spricht S. 74, 75, 76 einige Ansichten in Betreff der Angeln aus, die ich bestreiten muss. Erstens stützt er sich auf Tac.: Da sie bei demselben zu den Völkern des Nerthuskultus gezählt seien, so seien sie ein Ostseevolk. Nun zeigt aber eben der Umstand, dass Tac. allen diesen Völkern den Nerthuskult beilegt, dass er darin unzuverlässig ist. Reudigni, Aviones, Anglii, Varini, Eudoses, Suardones, Nuithones waren also sämtlich Ostseevölker? Wie könnte die Küste alle fassen? Und vor Allem: War denn der Raum zwischen diesen Küstenvölkern und den Semnonen eine Wüste? Oder soll man die Semnonen noch mehr ausdehnen? — Beda's Zeugniss ferner, dass die Angeln vor der Besiedelung Englands zwischen Jüten und Saxen gewohnt hätten, kann nicht beweisen, dass nicht noch ehe sie diese Strecken inne hatten, das Saalland ihre Heimath war. Ein Volk von der Stärke der Englandsbesiedler hatte in Schleswig nicht lange Zeit Platz. — Dass drittens Procop unter Brittia die Jütische Halbinsel gemeint habe, ist nicht erweislich, wenn auch eine zur Erklärung des Angeln- und Varinerkrieges recht passende Hypothese. Und wenn auch nach der Besiedelung von England noch Angeln in Schleswig sassen, so ist dies noch kein Beweis, dass zu Ptolemäus' Zeit Angeln ebendaselbst wohnten. — Dass ferner die Völker die Ptol. im Chersonnes aufzählt, die alten Angeln seien, ist möglich, doch würde dann der Gesammtname doch wol auch vertreten sein, da Pt. sonst die Gesammtnamen neben den Theilnamen aufzählt. Durch das Vorkommen von Sueben-Angeln im Süden hätte sich Pt. nicht verleiten lassen, die nördlichen Angeln zu streichen, ebenso wenig, wie er die Langobarden der Sueben-Langobarden wegen wegliess. — Zuletzt muss ich die Ansicht, als seien die Variner ein Küstenvolk gewesen, zurückweisen; die Namen von Städten (Warnemünde ist übrigens nach der Warnow benannt) würden über ganz Deutschland Variner nachweisen; sie sind ja aus viel späterer Zeit, und von keiner zu beweisen, dass sie schon vor der Völkerwanderung bestand. — Zuletzt kommt Munch doch zu dem Schlusse: die Angeln des Pt. möchten ein nach Süden verschlagener kleinerer Theil gewesen sein. So viel zugestanden, muss auch des Pt. Angabe von ihrer Grösse acceptirt werden, und es ergiebt sich, dass, falls auch wirklich in Schleswig ein Theil geblieben, der nach Süden verschlagene doch der grössere war.

Zufluss ist, der vom Riesengebirge herkommt. Nun heisst es von den Angeln, sie reichten πρὸς τὰς ἄρκτους μέχρι τῶν μέσων τοῦ Ἄλβιος ποταμοῦ... Dieses heisst nicht dass sie sich gegen Norden erstrecken und an der Mittelelbe wohnen, wie Zeuss es aufzufassen scheint, sondern dass sie gen Norden bis zur Mitte der Elbe reichen, dass sie also südlich von dieser Mitte wohnen. Wie hoch nördlich nun dieser Punkt anzusetzen sei, ist nicht zu sagen, da Ptolemäus ebenso wenig wie sein Berichterstatter die Länge der Elbe gemessen haben wird. Der Punkt kann ebenso gut an der Mündung der Ohre, wie an der der Saale liegen; höher hinauf aber schwerlich, da es sonst unbegreiflich wäre warum Ptolemäus sie dem Harze nördlich ansetzt, was sich wohl nur dadurch erklären lässt, dass er erfuhr: die Σουῆβοι Ἀγγειλοί wohnten auch nördlich vom Μηλίβοκαν ὄρος. — Ihre Sitze wurden also östlich von der Elbe weithin begränzt, und reichten gen Norden bis zur Mitte des Flusses. Es passt diese Lage auch zu den Angaben des Ptolemäus über die Sitze der Semnonen. Während die Angeln nördlich nicht über die Mitte der Elbe hinausreichten, lag die Westgränze der Semnonen um diesen Punkt herum..., μετα τὸν Ἄλβιν ἀπὸ τοῦ εἰρημένου μέρους πρὸς ἀνατολὰς...; den Semnonen südlich aber wohnten Σίλιγγαι, während es nicht nachweisbar ist, dass Τευριοχαῖμαι östlich bis zur Elbe reichten. Somit wären die Semnonen durch die Silingen nördlich geschoben, die Angeln jedoch durch die Τευριοχαῖμαι nicht. — Westgränze. Die Σουῆβοι Ἀγγειλοί gränzten westlich an die Σουῆβοι Λαγγοβάρδοι. Es gilt demnach, zuerst festzustellen, wer diese waren. Zeuss[1]) hält sie für Chatti und Hermunduri. Das ist ein sonderbarer Fehler. Denn alsdann würden ohne Frage die Σουῆβοι Λαγγοβάρδοι das grösste der Binnenvölker genannt sein. In der That aber gab es keine Hermunduri mehr; ein Rest von ihnen sass als Τευριοχαῖμαί

---

1) Z. 94, 95.

am Waldgebirge [1]). Dass aber die Σουῆβοὶ - Λαγγοβάρδοι die Chatten waren, unterliegt keinem Zweifel. Der Beweis dafür folgt namentlich aus vier Stellen. Erstens kennt Caesar die Chatten nur unter dem Namen Suevi [2]); dann dehnten die Chatten sich unter Augustus bis zum Rheine aus, indem sie das Land der Ubier in Besitz nahmen [3]); drittens findet sich bei Tac. die Notiz, dass die Chatten Haar und Bart hätten wachsen lassen zum Pfande für einen zu erschlagenden Feind [4]), auf welche Gewohnheit, nach Zeuss, der Name Σουῆβοι Λαγγοβάρδοι hinzuweisen scheint [5]), und endlich erscheinen noch in der Tabula Peutingeriana unter dem Namen Suevi eben die bis zum Rheine reichenden Chatten, welche kurz darauf schon zu den Franci gezählt zu werden scheinen [6]). Ueberdiess findet sich nirgends eine Spur anderer Sueben an der Südseite der Sigambern. Eine Bestimmung seiner Quelle, dass die Λαγγοβάρδοι am Rheine und über (ὑπέρ) der Ἄβνοβα wohnten, kann Ptolemäus veranlasst haben, sie der Ἄβνοβα nördlich anzusetzen. Der Theil der Λαγγοβάρδοι welcher über der Ἄβνοβα wohnte, waren die Chatten; derjenige zwischen der Ἄβνοβα und dem Rheine aber findet sich wahrscheinlich in den vier Völkchen wieder, welche zwischen den Tenkterern und Usipiern wohnten, da sie weder den Sigambern noch den Brukterern, noch irgend einem andern der zwischen Rhein und Ἄβνοβα wohnenden Stämme zuzuzählen sind, ausser den Σουῆβοι Ἀγγειλοί, selbständig aber noch weniger Platz finden. Ueberdiess findet sich der Name des nördlichsten der

---

1) S. oben.
2) S. oben.
3) S. oben.
4) T. G. 31: apud Chattos in consensum vertit ...
5) Z. 94, 95. Von andern wird der Name für einen Waffennamen gehalten, was in Beziehung auf die Λακκοβάρδοι, die eigentlichen Langobarden, richtig sein mag. Für die Chatten mag der Name Λαγγοβάρδοι, da er nur bei Pt. einmal vorkommt, nur ein Spitzname gewesen sein, den sie selbst nicht führten.
6) Z. 338.

Völkchen im Mittelalter der Lahn nördlich wieder, woraus Zeuss[1]) nicht mit Unrecht Veranlassung nimmt, sie in eben jene Gegend, die anderen aber südlich und östlich daneben zu stellen. — Im Westen gränzten also an die Angeln die Chatten, und die Weser mag die Gränze gebildet haben. — Nordgränze. Ist des Ptolemäus Angabe, dass sie nach Norden bis zur Mitte der Elbe reichten, sicher, so mag der Harz die Nordgränze gewesen sein, an dem sie vielleicht bis zur Ohre hinab vorbeireichten[2]). — Südgränze. Zwischen dem Harz und dem Thüringer- und Frankenwald und Erzgebirge sitzen in der Karte des Ptolemäus Cherusker, Chamaven, Chatten, Tubanten, *Τευριοχαῖμαι*. Die ersten vier Völker gehören nicht in diese Gegend. Es bleiben neben den Angeln nur die *Τευριοχαῖμαι, Ὑπὲρ τὰ Σούδητα ὄρη Τευριοχαῖμαι, ὑπὸ δὲ τὰ ὄρη Οὐαριστοί· εἶτα ἡ Γαβρήτα ὕλη*. Von den *Τευριοχαῖμαι* ist nicht gesagt, dass sie bis zur Elbe reichten. Zu beiden Seiten der Elbe stehen in der Karte vielmehr *Βαινοχαῖμαι*, die Bewohner Böhmens, fälschlich neben den Cherusken und *Τευριοχαῖμαι*. Diese sind im Gegensatz zu den an der Mainquelle und der obern Nab wohnenden Varisten und dem südlich des Fichtelgebirges beginnenden Böhmer Wald (*Γαβρήτα ὕλη*) nördlich an das Waldgebirge (hier also Thüringer- und Frankenwald) gesetzt. Bestimmen lassen sich ihre Gränzen nicht; nur das ergiebt sich sicher, dass sie ganz an das Gebirge gedrängt sind, da sonst die *Ἀγγειλοί* weder mit den Chatten nennenswerth gränzen, noch auch das erste der drei grössten Binnenvölker sein könnten. — Es lässt sich vermuthen, dass diese Angeln von Norden her mit Gewalt in dieses Land eingedrungen sind, und sowohl die Auswanderung der Böhmischen Hermunduren, als auch das gegen die Chatten siegreiche Vordringen der Thüringischen gegen den Main, und zuletzt den Zerfall des Thüringischen

---

1) Z. 99.
2) S. oben.

Hermundurenstammes bewirkt haben; denn diese Angeln sind ein niederdeutsches Volk [1]), das später zu seinen Stammgenossen, den Saxen und Teutonen, zurückkehrt. — Vielleicht ist der südlich in's Grabfeld vorgedrungene Theil der Hermunduren in den *Τοῦρωνοι* des Ptolemäus wiederzufinden. Richtig gezeichnet kommen die *Τοῦρωνοι* in die Gegend des *Γρανιονάριον* zu stehen, welches Ledebur [2]) für das Grabfeld hält. Ich schliesse mich dieser Hypothese an, zumal südlich den *Τοῦρωνοι* der deutsche [3]) Volksname *Μαρουίγγοι* steht, dem man am Besten den oberen Lauf des Maines zuweist. Zeuss hält die *Τοῦρωνοι*, des Namens wegen, für keltisch. Wären sie Kelten, so müsste ihre Lage mitten unter Germanischen Völkern, an der obern Werra, auffallen. Es ist wohl möglich, dass es die im Grabfeld angesiedelten Hermunduri waren. Ebenso kann man die hier zum erstenmale erscheinenden *Μαρουίγγοι* [4]) für die im Mainthale angesiedelten Hermunduren halten.

Drittes Kapitel.
Die Donausueven.

Hermunduri. *Βαῖμοι.* — Dio Cassius, LV. 10ª: ὁ γὰρ Δομίτιος πρότερον μὲν ἕως ἔτι τῶν πρὸς τῷ Ἴστρῳ χωρίων ἦρχε, τούς τε Ἑρμουνδούρους ἐκ τῆς οἰκείας οὐκ οἶδ' ὅπως ἐξαναστάντας καὶ κατὰ ζήτησιν ἑτέρας γῆς πλανωμένους ὑπολαβὼν ἐν μέρει τῆς Μαρκομαννίδος κατῴκισε· καὶ τὸν Ἀλβίαν μηδενός οἱ ἐναντιουμένου διαβὰς, φιλίαν τε τοῖς ἐκείνῃ βαρβάροις συνέθετο. [5]) — Diese Hermunduren wurden an der Quelle der Elbe angesiedelt, nach T. G. 41:

---

1) Z. 153.
2) v. Ledebur, Hermunduren.
3) Z. 121.
4) Sollten des Tac. Marsigni dasselbe sein?
5) Man vergleiche die sonderbare Auffassung in Wietersheim Völkerwanderung 1, 421, 22, mit dem Wortlaute der Quellen.

In Hermunduris Albis oritur, flumen inclitum et notum olim, nunc tantum auditur. Zeuss (104) verwirft diese Stelle als ungenau: Weder Tacitus noch Ptolemäus, erst Dio kenne die Elbquelle. Das zeigt sich aber bei näherer Betrachtung als unrichtig. Ptolemäus, auf den sich Zeuss hier vornehmlich zu stützen scheint, kennt allerdings den Böhmischen Kessel nicht, allein die Elbe ist ihm gleichwol bekannt. Er weiss, dass der Fluss vom Riesengebirge her einen Zufluss erhält, und dass an seinem obersten Laufe sich die Bewohner Böhmen's, $Βαινοχαίμαι$, ausbreiten. Ebenso wenig ist die Angabe des Tac. bei Seite zu schieben; sie ist eben eine der Nachrichten, die sehr sicher sind. Eine Möglichkeit ihrer Unrichtigkeit könnte doch einzig dann gefunden werden, wenn man sie für ein Gerücht hielte, das sich unter den Nachbarn der Thüringischen Hermunduren verbreitet hätte. Denn von den Hermunduren selbst könnte die Nachricht unmöglich stammen, da sie, wenn sie nicht gewusst hätten, woher die Elbe kommt, jedenfalls hätten sagen müssen, sie komme aus den Schluchten zwischen dem Riesen- und Erzgebirge. Aber die Nachricht charakterisiert sich alsbald doch als eine, die von den Hermunduren selbst stammt. Eben hat Tac. erzählt, dass die Hermunduren mit den Römern in lebhaftem Handelsverkehr stehen, und in demselben Athemzuge geht es weiter: In Hermunduris Albis oritur... Es ist in der That sehr gewagt, die Stelle zu streichen; und da wir in Böhmen Hermunduren kennen, werden wir sie nicht streichen. Ptolemäus nennt die jetzige Elbquelle einen Zufluss von Osten, während ihm die Moldau die eigentliche Elbe ist: die naturgemässe Sachlage. Und an welcher der beiden Quellen die Hermunduren angesiedelt wurden, sagt die obige Stelle bei Dio; Domitius nimmt die Hermunduren auf, führt sie in's Markomannenland[1])

---

1) Das Markomannenland ist Böhmen. Schon zur Zeit der Züge des Tiber wohnten die Markomannen in Böhmen, wie Vellejus bezeugt. Dieses gegen Wietersheim II.

(Böhmen), siedelt sie dort an, überschreitet sodann die Elbe und schliesst mit den dortigen Barbaren Freundschaft. Das kann sich unmöglich auf die jetzige Elbe, es muss sich auf die Moldau beziehen. Denn zwischen der jetzigen Elbe und dem Riesengebirge konnten kaum nennenswerthe Barbaren wohnen, und es müsste doch jedenfalls des Zuges durch die Wohnsitze des stärksten der Böhmischen Völker, der Markomannen, gedacht sein, ehe Domitius mit den Hermunduren die Elbquelle erreichte. μηδενὸς οἱ ἐναντιουμένου müsste also vor der Ansiedelung, und nicht bei Gelegenheit des Elbüberganges gedacht sein. Die ἐκείνῃ βάρβαροι werden ohne Zweifel eben die Markomannen sein, die wol, von Westen eingedrungen, so kurz nach ihrer Einwanderung auch ihre Wohnsitze im Westen der Ἄλβις, Moldau, hatten.¹) — Entscheidend aber stimmt für diese Lage die Erzählung des Tac. über den Sturz des Vannius durch den Hermundurenkönig Vibilius. T. A. II, 63: Idem Catualdae casus neque aliud perfugium. Pulsus haud multo post Hermundurorum opibus et Vibilio duce receptusque, Forum Iulium, Narbonnensis Galliae coloniam, mittitur. Barbari utrumque comitati ne quietas provincias inmixti turbarent, Danuvium ultra inter flumina Marum et Cusum locantur, dato rege Vannio gentis Quadorum. Marus wird meist für die March gehalten; Cusus ist unbekannt. An welcher Seite der March diese barbari utrumque comitati angesiedelt wurden, erhellt aus Plinius, N. H. IV., 12: ... Daci ad Pathissum amnem a Maro, sive Duria est, a Suebis regnoque Vanniano dirimens eos, ... Das

---

1) Da die Römer von dieser Elbüberschreitung viel Wesens machen, so könnte man versucht sein, dieselbe am mittleren oder unteren Laufe der Elbe zu suchen. Allein das ist nach Dio unmöglich. Den Römern war die Elbe ein Begriff weiter Entfernung; so mochte sich bereits zu Tac. Zeit die Idee ausgebildet haben: nicht nur bis an die Elbe, nein sogar darüber hinaus sind die Römer vorgedrungen; was dann dem Zuge des Domitius einen Nimbus gab. Dio, der hier wol aus älterer Quelle schöpft, sagt deutlich, dass Domitius sich dabei blamiert habe.

regnum Vannianum lag also westlich, nicht wie Zeuss meint östlich der March. Und dass es den Quaden südlich, für die Römer gleich hinter der Donau lag, geht aus der Karte des Ptolemäus hervor, welcher die barbari utrumque comitati ein μέγα ἔϑνος, mit Namen *Baῖμοι*[1]) (von ihrer früheren Heimath) nennt. Diese *Baῖμοι* wohnen bei Ptolemäus zwischen den Quaden und der Donau, und gränzen im Osten an die Σαρματικὰ ὄρη, im Westen aber haben sie die Markomannen nahe, und gränzen unmittelbar an ein zwischen diesen und den unmittelbaren Anwohnern der Donau, den östlichen Campen (Ἀδραβαικάμποι) wohnendes Volk, das den keltischen[2]) Namen Σουδηνοί führt. Diese Σουδηνοί sind wol eben die Hermunduri des Vibilius, von den Kelten keltisch benannt. Das geht aus der oben erwähnten Vertreibung des Vannius durch Vibilius hervor, bei T. A. XII, 29: Per idem tempus Vannius Suebis a Druso Caesare impositus pellitur regno, prima imperii aetate clarus acceptusque popularibus, mox diuturnitate in superbiam mutans et **odio accolarum**, simul **domesticis discordiis** circumventus. Auctores fuere **Vibilius Hermundurorum rex** et **Vangio ac Sido sorore Vannii geniti**... Wenn auch Ligier und andere Völker noch zum Sturze des Vannius mitwirken, so geht doch aus diesem Satz deutlich hervor, dass Vibilius Hermundurorum rex das odium accolarum, Vangio ac Sido sorore Vannii geniti die domesticas discordias vertreten. Die Hermunduri, deren rex Vibilius ist, sind also accolae; und sie müssen auch wenigstens in der Nähe wohnen, da sonst ein Eingriff in innere Angelegenheiten des zwischen der Donau, der March und dem Mährischen Walde gelegenen Vannianischen Reiches unverständlich wäre. Dem Tacitus, der keinen modernen Handatlas aufschlagen und die Karte von Deutschland studieren konnte, wurden beide

---

1) Z. 118, 119.
2) Z. 122.

Hermundurenvölker zu einem Volke; wir können und müssen sie scheiden. — Es liegt auf der Hand, dass die grösste Wahrscheinlichkeit für die Identität der Σουδηνοί und der Hermunduri des Vibilius, welche für das regnum Vannianum accolae sind, vorhanden ist. Wenn an der Donau langgestreckt in schmalen Sitzen die Campen sich hinzogen, so fanden zwischen ihnen und den Hermunduren an der Moldauquelle keine Σουδηνοί mehr Platz, und ein Volk mit Keltischem Namen, das zwischen den Hermunduren und Markomannen wohnte, konnte dem Ptolemäus nicht wichtiger sein, als die Hermunduren selbst. Dass Volk kann recht wohl in einer Keltischen Benennung der Campen dem Ptolemäus zugekommen sein. — Zeuss[1]) stellt die Βαῖμοι an die Neitra und Gran. Zur Zeit des Vannius haben sie jedenfalls der March westlich gewohnt. Sie könnten nun vor Ptolemäus östlich gewandert sein, allein es findet sich im Markomannischen Kriege bei Dio keine Spur von ihnen.[2]) Sie sind wol mit den Quaden vereinigt. Dessenungeachtet könnten sie immerhin nach Osten gewandert sein, wenn Ptolemäus ihre Sitze denen der Quaden östlich ansetzte. Allein das thut er nicht, er nennt sie vielmehr ausdrücklich südlich von den Quaden, und Zeuss ist zu seiner Annahme nur durch die Lage der Σαρματικὰ ὄρη, der Λοῦνα ὕλη und des Ὀρκύνιος δρυμός bestimmt worden. Er hält nämlich die Σαρματικὰ ἔρη für den grossen, und die Λοῦνα ὕλη für den kleinen Karpath, doch wol wegen ihrer parallelen Lage mit dem Mährischen Walde, dem Ὀρκύνιος δρυμός. Allein so verhält sich die Sache nicht. Die Nähe des südlichen Endes der Σαρματικὰ ὄρη zur Donau, die ganze Richtung derselben

---

1) Z. 118, 110.

2) Mommsen (Zeitschrift Hermes· 1868, III, 115, 116) erklärt die Sueben, welche Dio als Gegner der mit den Römern verbündeten Ligier im Suebisch-Sarmatischen Kriege erwähnt, für das regnum Vannianum. Ist das richtig, so ist allerdings eine Spur vorhanden, aber eine, die mehr in's Marchthal weist.

beweist, dass in diesem Gebirge wenigstens der grosse und der kleine Karpath vereinigt sind. Sehr wol kann die Λοῦνα ὕλη, der σιδηρωρυχεία wegen, der kleine Karpath sein, dann ist sie aber einfach wegzustreichen und mit dem Gebirge zu vereinigen. Parallel sind Ὀρκύνιος δρυμὸς und Λοῦνα ὕλη nicht unbedingt, da keine Endpunkte bestimmt sind; es ist nur im Allgemeinen ihre Lage, keineswegs aber ihre Richtung angegeben. Und dass die Lage des Ὀρκύνιος δρυμὸς wirr ist, zeigt die Karte. Um aber zu sehen, dass darauf, dass Ptolemäus die Σαρματικὰ gegen die östlichste Ecke der Donau richtet, Nichts zu geben ist, genügt ein Blick auf die Mündung der Mosel (Ὀβρίγκα), welche auf seiner Karte südlich von Mainz angesetzt ist. Die Σαρματικὰ trennen Germanien von Sarmatien, und die erwähnte Ecke der Donau giebt Germanien einen hübschen Abschluss; überdiess reichen ja bei ihm die Σουδηνοί bis zur March; wo sollen dann Βαῖμοι, Κούαδοι, Σαρματικὰ ὄρη hin, wenn nicht bis zur letzten Donauecke? Ich bin der Ansicht, dass die Βαῖμοι zwischen den Quaden und der Donau, an der Westseite der March aufzustellen sind. — Da die Hermunduren den Catualda (der übrigens kein Gothe, sondern ein Markomannischer Edler war)[1], den Beherrscher der Markomannen, und darauf auch den Vannius verjagten, können sie kein unbedeutender Stamm gewesen sein, was auch aus dem Titel rex hervorgeht, den Vibilius das zweitemal führt. Das erstemal hat er noch keinen Titel; er führt einzig sein Volk gegen Catualda. Daraus scheint sich zu ergeben, dass die Hermunduren zur Zeit des Catualda keinen König hatten. Somit ist ein Abhängigkeitsverhältniss zu den Markomannen möglich, welches durch die Erhebung unter Vibilius und den Sturz des Oberherrn aufgehoben ward, da Vibilius später als rex erscheint. Dem Vannius waren sie daher nicht unterthan; weder der rex

---

1) Dahn, Könige der Germanen I, 108 Anm. 6.

Vibilius, noch die accolae Hermunduri lassen diese Annahmen zu. — T. A. XIII, 30: Regnum (Vannii) Vangio ac Sido inter se partivere, egregia adversus nos fide ... T. H. H. III, 5: Trahuntur in partes Sido atque Italicus reges Sueborum, egregia adversus nos fide ... Dahn (I, 111) hält den Italicus für einen Sohn des Vangio. Die Reihenfolge: Sido atque Italicus nöthigt nicht dazu; Italicus kann recht gut Vangio selbst sein.

Marcomani. Wenn die $Βαῖμοι$ den Quaden südlich sassen, so kommen letztere an den oberen Lauf der March. Die Markomannen werden wol im Anfang ihres Aufenthalts in Böhmen am linken Ufer der Moldau gewohnt haben[1]); ihre Wanderung war wol die Thäler der Eger und des Beraun herab gegangen. Schwerlich aber werden sie sich auf die Länge mit diesen Gegenden begnügt, sich vielmehr bald auch über das rechte Moldauufer verbreitet haben. Ihre Macht unter Marbod scheint bedeutend gewesen zu sein, doch zweifle ich durchaus, dass sie sich über Gothen, Burgunden und Ostseevölker ausgedehnt habe. Dieser Annahme, die sich auf Strabo (VII) stützt, steht entgegen Tac. Ann. II, 62: Erat inter Gotones nobilis iuvenis nomine Catualda, profugus olim vi Marobodui et tunc dubiis rebus eius ultionem ausus. Is valida manu fines Marcomanorum ingreditur ... Hiernach erscheinen, wie Dahn darlegt, die Gothen unabhängig. Olim ist Catualda zu ihnen geflohen, vor der Gewalt Marbod's entwichen. Er erat inter Gotones, hielt sich unter den Gothen auf, und wagte von ihnen aus, seine Rache auszuführen. Er ist ein iuvenis nobilis, während Marbod kein Adliger gewesen zu sein scheint; vielleicht ist er durch Marbod aus einer Art nebenbuhlerischer Stellung vertrieben worden. Hierüber verweise ich auf Dahn, für mich ist vor Allem die unabhängige Stellung der Gothen wichtig. Das verderbte $Βούτονες$ Strabo's kann nicht dagegen sprechen. $Μουγιλω$-

---

1) S. oben.

νες aus Burgundiones herzuleiten[1]), ist kühn; wenn auch das *M* einen Anhalt dazu bietet, so ist doch *ιλ* sehr schwierig in *ουντ* umzuwandeln. *Ζοῦμοι* erklärt Zeuss[2]) für Buri, *Σιβινοί* für *Σειδινοί*. Letzterem kann ich nicht beistimmen. Eine solche Ausdehnung wäre unerhört. Kann nicht vielleicht *Σιλιγγαι, Σιλινοι* dahinterstecken? —
    Cotini. *Ουισβούργιοι.* Zeuss[3]) erklärt Cotini und *Κῶγνοι* für ein- und dasselbe Volk. Allerdings kann aus *T* sehr leicht *Γ* geworden sein. Die Cotini sind zwischen die Quaden und die Sarmaten, an das nördliche Ende des kleinen Karpath, zu stellen, wie aus Tac. G. 43 hervorgeht: Cotinos Gallica, Osos Pannonica lingua coarguit non esse Germanos, et quod tributa patiuntur. Partem tributarum Sarmatae, partem Quadi ut alienigenis imponunt: Cotini, quo magis pudeat, et ferreum effodiunt. Wenn sie halb den Sarmaten, halb den Quaden Tribut zahlen, so müssen sie an beide gegränzt haben; ebenso die Osi. Die Cotini graben Eisen, doch wol in denselben *σιδηρωρυχεία*, welche Ptolemäus auf die *Λοῦνα ἕλη* setzt. — Die *Ουισβούργιοι* des Ptolemäus sind schwerlich, wie Zeuss[4]) meint, die Bewohner eines Ortes Wisburg, denn selbständige Ortschaften kommen bei den Deutschen wol im Mittelalter, nicht aber vor der Völkerwanderung vor, wo es noch gar keine grösseren Ortschaften gab, mit Ausnahme der Hauptstadt des Marbod. Nobbe macht in seiner kleinen Ausgabe des Ptolemäus in einer Anmerkung zu dem an die Ems zu zeichnenden Orte *Σιατουτάνδα* auf T. A. IV, 73 aufmerksam, wo es heisst: ... soluto iam castelli obsidio, et ad sua tutanda digressis rebellibus. Die Uebereinstimmung ist auffallend, ebenso aber die zwischen *Σίδωνες Κῶγνοι Ουισβούργιοι* und T. G. 43: Retro Marsigni Cotini Osi Buri terga Marcomanorum Quadorumque clau-

---

1) Z. 133, Anm. 3.
2) Z. 126.
3) Z. 123.
4) Z. 123, Anm.

dunt. Die sonst unfindbaren Marsigni sind verstümmelt; nach Weglassung der ersten Sylbe sind sie zu *Σίδωνες*, die Cotini zu *Κῶγνοι*, die Osi und Buri aber durch Zusammenziehung *Ὀϊσβοῦροι*, und mit Zufügung einer deutschen Endung zu *Οὐισβούργιοι* geworden. Dieses ist zwar nicht sicher, aber, so dünkt mich, wahrscheinlich [1]). So sind die vier, jetzt drei Völker richtig in der Reihe von Nord nach Süd unter die *Λούγιοι Βοῦροι* gestellt, und von den Quaden durch den *Ὀρκύνιος δρυμὸς* getrennt; die Cotnier sind durch ihre Stellung weit von den Eisenbergwerken abgekommen.

Bellum Marcomanicum. Den besten Bericht über den Markomannischen Krieg hat uns Dio Cassius hinterlassen; allein nur stückweise und im Auszuge ist er uns erhalten. Doch zeigt sich, dass der Krieg in viele einzelne Kriege zerfiel, in denen im Anfang die Feinde vereinzelt, später zum Theil in Gemeinschaft, nie aber geschlossen erscheinen. Recht gut lässt sich Dio durch Capitolinus ergänzen. Danach gehören 13 und der Anfang von 14 bei Capit. zu LXXI, 3 bei Dio; Capit. 14: Quadi autem amisso rege suo non prius se confirmaturos eum qui erat creatus dicebant quam id nostris placuisset imperatoribus zu Dio ibid. 11; Capit. 21: Marcomanos in ipso transitu Danuvii delevit et praedam provincialibus reddidit vor Dio ibid. 15; Capit. 22: Accepitque in deditionem Marcomanos ... zu Dio ibid. 15. Zweimal erscheinen in diesem Kriege die Hermunduren, und zwar die Böhmischen; Capit. 22: ... Marcomani, Varistae, Hermunduri et Quadi, Suebi, Sarmatae, ... und 27: Triennio bellum postea cum Marcomanis, Hermunduris, Sarmatis, Quadis etiam egit. Beim Vergleiche beider Stellen ergiebt sich sofort, dass sich auf die Reihenfolge des ersten Marcomani, Varistae, Hermunduri et Quadi nicht die Ansicht gründen lässt, dass hier die *Τευριοχαῖμαι* des Ptolemäus nochmals unter dem

---

[1]) Vgl. K. Th. I.

alten Namen aufträten; vielmehr sind es die Böhmischen Hermunduren; denn sie erscheinen bei Dio nicht, werden also wol dem einen der bei ihm genannten Völker, den Markomannen, zuzuzählen sein. Eine Parallele liefern die Suebi in obiger Stelle des Capit.; sie sind wahrscheinlich die zur selben Zeit von Ptolemäus *Βαιμοι* genannten barbari utrumque comitati, das Volk des Vannius, des Vangio und Sido. Dio weiss von ihnen nichts; sie werden zu seinen Quaden zu zählen sein. — Auch die Hermunduri, die Jornandes[1]) kurz vor dem Hunnensturm im Norden Daciens nennt, können nicht wol andere als die Böhmischen sein. Die ganze Stelle ist so wirr, dass sie einfach bei Seite zu legen, und nur die Notiz daraus zu nehmen ist, dass zur Zeit des Aufenthaltes der Vandalen in Dacien der Name der Hermunduren noch genannt ward. Diese Hermunduren sind ohne Zweifel die Toringi, welche in Attila's Heer erscheinen[2]), dieselben welche zur Zeit Severin's das Donauufer zwischen Passau und Lorch durch ihre berühmten Reiterschaaren überflutheten[3]); und der Geographus Ravennas kennt sie an der Nab und dem Regen. Ja Procop[4]) weiss noch, dass einst Augustus ihnen ihr Land angewiesen habe; wirft sie aber, wie Tacitus, mit dem Stammvolke zusammen.

Viertes Kapitel.

Die Cherusker und ihre Genossen.

Da nirgends nachgewiesen werden kann dass die Cherusker die Elbe unmittelbar berührten, so hat natürlich dieses Kapitel weniger Bezug auf meine Hauptaufgabe. Es handelt sich für mich einzig darum, die Vorbereitung der

---

1) Iornandes 22.
2) Sidonius Apollinaris, 71.
3) Rettberg, II, 286.
4) Procop. B. G. I, 12.

in der Völkerwanderung erfolgten Ausdehnung der Saxen nach Süden darzulegen, welchen Zweck ich durch Schilderung des Falles der Cherusker erfülle. Auf Verfassungsfragen konnte ich mich dabei weiter nicht einlassen; es kommt mir auch hier wesentlich auf Feststellung der Stämme und ihrer Wohnsitze an.

Cherusci. Die Cherusker haben ihre Wohnsitze nicht wesentlich verändert. Sie finden sich bei Caesar[1]) nördlich vom Harz, und scheinen ein grosses Volk; zur Zeit der Kämpfe des Drusus und der Varusschlacht haben sie auch das linke Weserufer, nördlich den Chatten, inne[2]). Ihre Ostgrenze ist nicht zu bestimmen; ich halte Bode und obere Aller dafür, und möchte den spätern Nordthüringgau zu Drusus' Zeit den Hermunduren zuweisen, wegen der Angabe des Vellejus, dass die Elbe, die er im Lande der nördlich der Ohre wohnenden Langobarden sah, die Semnonen und Hermunduren vorbeifliesse[3]). Die Nordgrenze allein ist an der einen Stelle sicher, an der andern unsicher zu bestimmen.

Die erste Bestimmung gründet sich auf die Schlacht auf der Idisiaviso und am Grenzwalle der Angrivarier. Die Römer zogen etwa von Meppen an der Ems aus nach Minden[4]). Dort fand die Unterredung zwischen Arminius und Flavus statt. Germanicus bewerkstelligte den Uebergang über den Fluss durch ein heftiges Gefecht der Reiterei. Die Cherusker zogen sich nun zurück und erwarteten auf der Idisiaviso die Schlacht[5]). T. A. II, 16: Sic accensos et proelium poscentes in campum, cui Idisiaviso nomen, deducunt. Is medius inter Visurgim et colles, ut ripae fluminis cedunt aut prominentia montium resistunt, inaequaliter sinuatur. Dieses passt nur auf eine einzige Stelle jenes Weserufers: Rinteln gegenüber bis Oldendorf

---

1) C. B. G. VI, 10.
2) V. P. II, 105. D. C. LIV, 33, LV, 1.
3) V. P. II, 106.
4) Bei Müllenhoff, Verderbte Namen bei Tacitus, Haupt's Zeitschr., IX, 226.
5) Alles bei T. A. II, 8—16.

oder Hameln. Man wird, glaube ich, vergebens nach einer anderen suchen. Und gerade dieser Ort war von Armin gut gewählt. Germanicus musste sich in diesem Engpasse auf eine Schlacht einlassen: von Minden aus gerade auf Hannover vorrücken konnte er nicht, da ihm sonst der Rückzug abgeschnitten war. Stertinius, der den Cheruskern in den Rücken gesandt wurde [1]), ging wol rechts herum zweimal über die Weser, denn die Höhen links waren durch die Cherusker besetzt. Er konnte die Germanen vielleicht durch ein unverhofft jähes Ueberschreiten des Flusses überrumpeln.

Die Niederlage der Germanen war so bedeutend, dass sie beschlossen, hinter die Elbe auszuwandern. Ein in dieser verzweifelten Lage plötzlich ausbrechender Zorn über den Hochmuth der Römer treibt sie zum Kampf der Verzweiflung. Das agmen Romanum (A. II, 19) bewegte sich, so scheint mir, nach Osten, da die Germanen der Elbe zueilten [2]). Der Ueberfall auf dem Marsche fand wol kurz vor der folgenden (letzten) Schlacht statt. A. II, 19: Postremo diligunt locum flumine et silvis clausum, arta, intus planitie et umida: silvas quoque profunda palus ambibat, nisi quod latus unum Angrivarii lato aggere extulerant, quo a Cheruscis dirimerentur. Hic pedes adstitit: equitem propinquis lucis texere, ut ingressis silvam legionibus a tergo foret. Und c. 20: Seio Tuberoni legato tradit equitem campumque; peditum aciem ita instruxit, ut pars aequo in silvam aditu incederet, pars obiectum aggerem eniteretur; ... quibus plana evenerant, facile inrupere; quis inpugnandus agger, ut si murum succederent, gravibus superne ictibus conflictabantur. ... Primus Caesar ... capto vallo dedit impetum in silvas ... Hostem a tergo palus, Romanos flumen aut montes claudebant... An einem Flusse also läuft eine schmale feuchte Ebene hin, diese ist auf

---
1) T. A. II, 17.
2) T. A. II, 19.

den anderen Seiten von einem Walde umgeben. Die Römer kommen aus den Bergen heraus, am Flusse entlang; denn von einem Flussübergange ist nicht die Rede. Ihr Angriff geht auf den Wald, der durch einen Sumpf umschlossen ist. Der Sumpf aber lässt eine Seite des Waldes frei. Diese wird durch den breiten Gränzwall der Angrivarier gesperrt. Dennoch aber giebt es einen aequus in silvam aditus, welcher es dem einen Theil des Heeres leicht macht, in den Wald einzudringen. Wollte man nun den agger vor den Wald bis zum Flusse ziehen, so wäre der aequus aditus nicht vorhanden, und es müsste heissen: frontem autem silvae A. lato aggere extulerant; wollte man den Wall in derselben Lage, aber nicht bis zum Flusse selbst hinziehen, so wäre zwar der aequus aditus, aber kein Gränzwall mehr vorhanden, und auch bliebe das Verlangen nach dem Worte frons. Es bleibt nichts übrig, als den palus in den Rücken, den agger aber an die Seite des Waldes zu setzen. Der Sumpf, eine vortreffliche Länderscheide, hörte auf; an seinem Ende begann der Wall. Der Wall war breit, hoch, und steil, und zog sich an der Flanke der Römer hin. Ihn hatten die Cherusker klug besetzt. Nur durch überlegene Schusswaffen vermochten die Römer ihn zu nehmen. Mit den praetoriis cohortibus erstieg Germanicus den Wall, die eigentliche Masse der gegen den Wall gesandten Truppen sandte er in den Wald. Die beiderseitige Reiterei schlug sich im offenen Felde, wo Haine waren. Hostem a tergo palus, Romanos flumen aut montes claudebant bezieht sich wol auf die ganze Schlacht. Bei Erstürmung des Walles hatten die Römer den Fluss, beim Eindringen in den Wald die Berge, aus denen sie gekommen waren, im Rücken. Hierauf passt das linke Leineufer unterhalb Elze. Viel nördlicher kann die Schlacht nicht stattgefunden haben, wegen der montes. Der Gränzwall verband wol den Sumpf mit den montes. Es scheint mir sonach kein Zweifel, dass die Cherusker auf dem linken Leineufer nördlich kaum über Elze hinaus wohnten.

Vielleicht war die Leine die Ostgränze der Angrivarier, wie später der Engern. Der unteren Aller nördlich mögen sie sich weiter gegen Osten verbreitet haben. Der Aller südlich von der Mündung der Leine bis zu der der Ocker möchte ich die Fosi ansetzen, die ich übrigens zu den Cherusken zähle.

Angrivarii. Chaulci. Die Angrivarii und Chaulci sind dasselbe Volk. Ihre Identität hat zuerst Müllenhoff (Verderbte Namen bei Tacitus, in Haupt's Zeitschrift IX, 234) behauptet. Zu den Gründen, die Müllenhoff zu der Annahme bewegen, unter denen ich namentlich den vortrefflichen Gedanken: dass die $Καλούκωνες$ des Ptolemäus auf beide Seiten (statt der Elbe) der Weser gehören hervorhebe, muss ich noch einige, wie mich dünkt entscheidende, hinzufügen. Vorher aber noch eine Einwendung gegen Müllenhoff, in Betreff des Namens Chaulci. Müllenhoff hält die Form $Καλούκωνες$, also den Stamm Caluc, für den eigentlich richtigen. Das kann aber unmöglich so sein. Der einzige bei dem die Form $Καλούκωνες$ vorkommt, ist der Grieche Ptolemäus. Da nun Müllenhoff das Zeugniss des Tacitus über das des Ptolemäus stellt, so muss er, wenn überdiess die Form Chabilci (freilich nicht für dieses Volk) vorkommt[1]), dies hier doch jedenfalls auch thun, zumal in Betreff eines Namens, worin stets dem Griechen wenig zu trauen ist[2]). Denn Tacitus hat Chaulci geradezu mit den Chauci zusammengeworfen. Es erhellt dieses vor allem aus der Germania, wo Chauci bis zu den Chatti reichen sollen, und den beiden Stellen: über die Vertreibung der Ampsivarier durch die Chauci[3]) und die Vertreibung der Brukterer

---

1) Z. 112 Anm. 2.
2) Und besonders wenig Ptol., der namentlich eine grosse Neigung zeigt, Germanischen Namen Griechischen Sinn unterzulegen. So werden aus Svardonen $Φαροδεινοί$, Segelstarke, aus Brukterern $Βουσάκτεροι$, Rinderhirten, u. s. w.; auch hinter $Καλούκωνες$ könnten vielleicht Schönbecher stecken.
3) T. A. XIII, 55.

durch die Angrivarii [1]). Müllenhoff hält die Ampsivarii für die links der Weser wohnenden Angrivarii; ein besonderer Fall, dass ein Volk zwei geographische Namen führt. Wenn Strabo die Καούλκοι καὶ Καμψανοί zusammenstellt, so stellt er ebenso die Καμψανοὶ καὶ Βρούκτεροι zusammen [2]), und diese Zusammenstellungen haben bei Strabo gar keinen Werth. Allein aus Tacitus geht deutlich hervor, dass die Ampsivarii und Angrivarii verschiedene Völker sind. Ann. XIII, 55: Aderatque iis clarus per illas gentes et nobis quoque fidus, nomine Boiocalus, vinctum se rebellione Cherusca iussu Arminii referens, mox Tiberio et Germanico ducibus stipendia meruisse, et quinquaginta annorum obsequio id quoque adiungere, quod gentem suam ditioni nostrae subiceret. Wie stimmt dieses zu Ann. II, 8: Metanti castra Caesari Angrivariorum defectio a tergo nuntiatur: missus ilico Stertinius cum equite et armatura levi igne et caedibus perfidiam ultus est, und zu II, 22: Mox bellum in Angrivarios Stertinio mandat, ni deditionem properavissent. Wenn auch Tacitus den Aufstand der Angrivarier eine defectio, perfidia nennt, so ist damit einzig gesagt, dass das Volk mit den Römern einen Vertrag abgeschlossen. Dass dieser aber nur durch das mächtige Römische Heer in dem Augenblicke erzwungen worden, wo die Römer mitten im Lande der Angrivarier standen, ist klar, da sofort wie die Römer hindurch sind, das Volk sich erhebt. Der Vertrag betraf wol einfach freien Durchmarsch und vielleicht Verpflegung. — Ja, das Volk bleibt im Aufruhr, bis Germanicus die Cherusker geschlagen hat, und als Sieger in sein Land zurückkehrt. Das widerspricht der Stellung, die die Angrivarier eingenommen, völlig. — Ueberdiess aber wurden die Ampsivarier von den Chaulken, d. h. Angrivariern, und nicht von den Chauken vertrieben. Wenn Ann. XIII, 55 von

---

1) T. G. 33.
2) St. VII. c, 3.

den Ampsivariern erzählt wird, dass sie a Chaucis pulsi seien, so werden jedenfalls die Chauci das Land in Besitz genommen haben. Das ist aber nicht möglich. Denn in diesem Falle hätten die Chauken zwischen Angrivarier und Brukterer einen Keil hineingeschoben, und die Nachricht der Germania, dass Angrivarier und Chamaven die Brukterer vertrieben hätten, wäre, nach dem Beispiele von Zeuss [1]), in der That gänzlich wegzuwerfen. Es wird hier, ehe ich fortfahre, nothwendig, auf die

Bructeri. Ampsivarii. Chamavi einzugehen. Nicht die Chamaven, wie Müllenhoff meint, sondern die Ampsivarier sind die grösseren Brukterer. Dass die kleineren Brukterer an der Lippe wohnten, bezeugt Strabo; und Ptolemäus setzt sie auf das linke, die grösseren aber auf das rechte Ufer der Ems. Die Richtigkeit dieser Angaben ist nicht zu bezweifeln. Für die Brukterer ergiebt sich eine ganz sichere Nordgränze: das in ungeheurer Ausdehnung nach Norden sich erstreckende und von der Ems östlich bis zur untern Hunte und darüber hinaus bis zur Weser bei Vegesack reichende Moor, das die Namen Hochmoor und Saterland trägt. Nördlich dieser Sümpfe wohnten die westlichen Chauken, die demnach nicht die grösseren, sondern eben der ‚Localität' wegen (Z. 139, auch Müllenhoff) die kleineren waren. Das Zeugniss des Tacitus [2]) ist viel zu unbestimmt, als dass es dagegen zeugen könnte; die Bewegung des Corbulo kann ja recht wol den östlichen Chauken gegolten haben. Die westlichen können in der That nur ein kleiner Stamm gewesen sein. — Auch die Ostgrenze der Brukterer (gegen die Angrivarier) sind Moore, die sich um den Dümmer See hinziehen. Nur ein schmaler Landstrich verbindet die Auen in West und Ost, zwischen Kloppenburg und Vechte. — Wenn nun Strabo die Ampsivarier mit den Chaulken, Tacitus dieselben mit den Chauken zusammennennt, so müssen sie an der Hase

---

1) Z. 91, 93, 108, 140.
2) T. A. XI, 19.

gesessen haben. Dass in eben jener Gegend den Römern befreundete Germanen wohnten, geht aus dem Umstande hervor, dass Germanicus beim Uebergange über die Ems durchaus nicht gestört wird, dass er seine Flotte ruhig zurücklassen kann.¹) Dieses mag sich auf die Worte des Bojocalus: mox Tiberio et Germanico ducibus stipendia meruisse²) beziehen. Dem widerspricht nicht Strabo, der Ampsivarier im Triumphzuge des Germanicus aufführt³); denn es kann sehr wohl Theile (Gaue, Hundertschaften, auch Einzelne) der Ampsivarier gegeben haben, die sich den Römern widersetzten⁴), auch können sie als subacti gegolten haben, ohne dass sie mit Waffengewalt unterworfen waren; überdiess ist Strabo gegen Tacitus kraftlos. — Wenn nun die Ampsivarier an der Hase sassen, so haben, will man ihnen auch nur das nördlich der Hase gelegene Land einräumen, doch grössere Brukterer rechts der Ems keinen Platz mehr. Bedenkt man nun noch, dass Amsivarii ein blos geographischer Name ist (doch wol, obgleich eine Autorität wie Müllenhoff dagegen spricht, zumal jetzt das Volk wirklich an der Ems wohnt, von dem Flusse hergeleitet), so wird eben Bructeri der Volksname sein. Entscheidend dafür spricht aber der Umstand, dass die oben bereits berührte

---

1) T. A. II, 8.
2) T. A. XIII, 55.
3) St. VII.
4) Man nehme z. B. an, dass Bojocalus (wie Segest bei den Cheruskern) bei den Ampsivariern ein Theilfürst war, der Rom anhing, dass er mit Hülfe der Römer den anderen Theil bezwang, dass er dann durch die Angrivarier mit Hülfe der Chamaven und mit Zustimmung der Anderen geschlagen, und mit einem bedeutenden Anhang zur Auswanderung gezwungen ward. Auf ihn mag sich Plinii secundi epistola (II, 7) beziehen: Nam Spurinna Bructerum regem vi et armis induxit in regnum; ostentatoque bello ferocissimam gentem ... terrore perdomuit. Mommsen (Zeitschrift Hermes 1868, III, 39, 40) hält dies für dasselbe Ereigniss mit dem von Tac. gemeldeten, allein wenn bei Plinius der rex inductus ist, so ist er bei Tac. im Gegentheil pulsus, und die inductio kann einzig später stattgefunden haben, da Bojocalus in seiner Rede Nichts davon erwähnt. Daher wol des Pt. Βουάκτεροι οἱ μείζους.

Vertreibung der Ampsivarier durch die Chauken, und die Vertreibung der Brukterer durch die Angrivarier (und Chamaven) ein- und dasselbe Ereigniss sind. Wenn nämlich die Chauken die Ampsivarier vertrieben, so konnten die Angrivarier nicht mehr an die Brukterer gelangen, sie also auch nicht vertreiben. Und doch ist es unmöglich, die Erzählung des Tacitus[1]) wegzuwerfen. Mag sie Uebertreibung sein: jedenfalls liegt ihr Wahrheit zu Grunde. Entscheidend für ihre Identität mit der Vertreibung der Ampsivarier durch die Chauken aber sind folgende Stellen. G. 33: Pulsis Bructeris .... seu superbiae odio .... Die Bructeri sind pulsi. Wohin? Subacti wäre etwas Anderes; aber ein Volk, das vertrieben ist, wird an einem andern Orte neue Wohnsitze gesucht haben. Ein solches zu jener Zeit von der Ems ausgewandertes Volk findet sich aber nirgends, ausser den Ampsivariern des Bojocalus. Superbia stimmt mit der Rede des Bojocalus sehr überein. Ferner c. 35: ... Chaucorum gens, quamquam incipiat a Frisiis ac partem litoris occupet, omnium quas exposui gentium lateribus optenditur, donec in Chattos usque sinuetur. Tam immensum terrarum spatium non tenent tantum Chauci, sed implent. Die Chatti sind die von den Chatten[2]) unterworfenen Cherusker. Nun sitzen zu Ptolemäus' Zeit die Angrivarier neben den Langobarden auf dem rechten Weserufer, die Chaulken aber (mit ihnen identisch) zu beiden Seiten der Weser. Es gränzt an's Unmögliche, dass die Angrivarier zu Tacitus' Zeit die Brukterer vertrieben hätten, die Dulgibinen ihnen nachgewandert sein, und die Chauken ihr Land in Besitz genommen haben sollen, dass nachher aber die Angrivarier und ebenso die Dulgibinen wieder zurückgewandert, und die Chauken vor ihnen gewichen sein sollen. Zeuss[3]) verwirft deshalb die Nachricht gänzlich, und nennt sie ein

---

1) T. G. 33.
2) D. C. LXVII, 5 u. T. G. 36.
3) Z. 91, 93, 108, 140.

Gerücht, das aber in Beziehung auf die Ausdehnung der Chauken jedenfalls richtig, und kein Gerücht sein muss, wie die Entschiedenheit und geographische Sicherheit mit der Tacitus die Nachricht mittheilt, zeigt. Es bleibt nur die natürliche Annahme übrig, dass Tacitus die Angrivarier für Chauci hält, wozu der Name Chaulci, den er doch ebenso gut wie Strabo und Ptolemäus gehört haben muss, ihm die beste Gelegenheit gab. Weil er nicht hörte, dass Angrivarier und Chaulken dasselbe seien, so hielt er Chauken und Chaulken für dasselbe. Nun hat Tacitus, ebenso wie hier, in Betreff der Vertreibung der Brukterer, die ihm in verschiedenen Berichten zukam, aus zwei dasselbe Volk betreffenden Namen zwei Völker gemacht. Die Ampsivarier waren von den Chaulken, oder die Brukterer von den Angrivariern vertrieben. — Den südlichen Theil der Brukterer nennt Tacitus allein Brukterer. Dafür sprechen mehrere Stellen. Ann. I, 60: Et ne bellum mole una ingrueret, Caecinam cum quadraginta cohortibus Romanis distrahendo hosti per Bructeros ad flumen Amisiam mittit, equitem Pedo praefectus finibus Frisiorum ducit. ... simul pedes eques classis apud praedictum amnem convenere. Der Ort der Zusammenkunft lag also etwa an der Grenze der Friesen und Brukterer, d. h. in der Gegend von Rheine an der Ems. Denn schwerlich wird Pedo nördlich des Bourtanger Moores durch das Land der Friesen gezogen sein, zumal Caecina in diesem Falle ein ganz bedeutendes Stück auf dem schmalen Landstreifen zwischen der Ems und dem Moor hinab, und alsdann das ganze Heer denselben Weg den Fluss wieder hinauf hätte marschieren müssen. Weiter südlich aber konnte die Flotte nicht stromauf, als höchstens bis Rheine. Und Germanicus wird sich wol in Freundesland (bei den schon Drusus ergebenen Ampsivariern) ausgeschifft haben. In demselben Kapitel heisst es weiter: Bructeros sua urentis expedita cum manu L. Stertinius missu Germanici fudit. Dieses sind jedenfalls nicht die Ampsivarier, zumal bei diesen Brukterern ein

Adler aus der Varusschlacht gefunden wird, während doch der Ampsivarier Bojocalus durch Armin in Fesseln gelegt werden muss, als Freund der Römer. Und weiter: Ductum inde agmen ad ultimos Bructerorum, quantumque Amisiam et Lupiam amnes inter vastatum,... Offenbar sind auch hier die Brücteri von den Ampsivariern zu trennen. — Auffallend ist es, dass nun die Chamavi keinen Platz mehr finden. Dass sie nicht, wie Zeuss meint, an der Werre und oberen Hunte wohnten, ist sicher. An der Werre wohnten, nach vielen Zeugnissen, Cherusker[1]); ihnen mit Zeuss nur den kleinen Fleck von der unteren Emmer die Weser entlang bis Vlotho anzuweisen, ist unrichtig, da Dio Cassius und Vellejus übereinstimmend das Land der Cherusker blos am linken Weserufer kennen und in diesem bergigen Fleckchen nur ein Paar Dörfchen hätten bestehen können, und da, wenn die Chamaven, ein selbständiges Volk, an der Werre gewohnt hätten, sie bei den Kämpfen Armin's gegen Varus und Germanicus im Teutoburger Walde in erster Linie hätten betheiligt sein müssen, während beide Male von ihnen keine Spur. An der oberen Hunte aber wohnten Angrivarier, d. h. da, wo keine Sümpfe sind, was denn allerdings auf wenig herauskommt. Tacitus kennt die Chamaven nur an zwei Stellen. Ann. XIII, 55: Chamavorum quondam ea arva, mox Tubantum et post Usipiorum fuisse. Diese arva sind aber nur zur Zeit des Drusus von Usipiern besetzt; Caecina findet auf seinem Zuge vom Rheine an die Ems nur Bructeri in diesen Gegenden[2]) und zwar sind diese Bructeri die kleineren, südlichen Brukterer. Somit wären dieses die Chamaven? Und die zweite Stelle: die Nachricht, dass die Chamaven im Verein mit den Angrivariern die Brukterer vertrieben hätten[3]), hätte darin ihren Grund, dass die Quelle des Tacitus, die von der Begebenheit erzählte, an der oberen

---

1) V. P. II, 105. D. C. LIV, 33; LV, 1.
2) Z. 89, 90.
3) T. G. 33.

Ems nur Chamavi kannte? In der That wird diese Annahme zur grössten Wahrscheinlichkeit[1]). Denn von ausgewanderten Bructeri weiss Tacitus nichts; trotzdem dass sie pulsi sind, ist das Volk für ihn verschwunden. Die einzigen Auswanderer sind Ampsivarier. Und so fände die Stelle: Angrivarios et Chamavos a tergo Dulgubnii et Chasuarii cludunt, aliaeque gentes haud perinde memoratae[2]) ihre volle Berechtigung. — Ptolemäus kennt die grossen wie die kleinen Brukterer. (Siehe Seite 41, Anm. 4.) Südlich von den grossen Brukterern wohnen bei ihm $Xa\tilde{\imath}\mu a\iota$, offenbar Chamavi, und nicht, wie Zeuss[3]) meint, Herminones. Die kleineren Brukterer sind aber das einzige Volk, von dem man sagen kann, dass es den grossen Brukterern südlich wohnte, und die $\mu\iota\varkappa\varrho o\iota$ sind nur wegen des Flusses nach Westen gekommen. Sie würden sich also mit den $Xa\tilde{\imath}\mu a\iota$ decken. Vortrefflich aber stimmt hierzu die Lage der $Xa\mu a\nu o\iota$ des Ptolemäus; östlich gränzen die Cherusken, südlich die Chatten an sie.

In den Zeiten der Völkerwanderung scheint sich obige Ansicht zu bestätigen. Ich habe hier nicht die Quellen selbst untersuchen können, weil mich das zu weit abgebracht hätte, sondern ich stütze mich auf das was Zeuss über Chamaven, Brukterer und Ampsivarier giebt[4]). — Brukterer und Chamaven dieser Zeit sind für verschieden zu erklären. Das beweist Gregor v. Tours II, 9: Arbogastes, transgressus Rhenum Bructeros ripae proximos, pagum etiam quem Chamavi incolunt, depopulatus est; noch entschiedener aber weist die Tab. Peut. darauf hin. Al-

---

1) Wietersheim (Völkerwanderung I) stellt die Chamaven zwischen die Brukterer und die agri vacui. Dadurch werden letztere ungebührlich beschränkt. Geradezu dagegen spricht V. P. II, 105: Der Zug des Tiber geht durch Caninefaten, Attuarier (Bataven), Bructerer, Cherusker, Weser, etc. Also sind zwischen Bataven und Bructerern keine Chamaven.
2) T. G. 34.
3) Z. 93. 103 Anm.
4) Z. 334, 35, 36; 341, 42, 43; 350, 51, 52, 53.

lein die Brukterer scheinen in der That zu den Franci zu gehören, wenn es in derselben Stelle heisst: Arbogastes Sunnonem et Marcomerem subregulos Francorum gentilibus odiis insectans, Agrippinam rigente maxime hieme petiit, ratus tuto omnes Franciae recessus penetrandos urendosque . . Collecto ergo exercitu, transgressus Rhenum, Bricteros ripae proximos, pagum etiam quem Chamavi incolunt, depopulatus est, nullo occursante, nisi quod pauci ex Ampsivariis et Chattis Marcomere duce in ulterioribus collium iugis apparuere. Hiernach sind Bructeri und Chamavi beide für Franci zu halten, was Rettberg [1]) auch thut. Auffällig aber ist, dass die Chamaven nur einen pagus bewohnen, von dem es scheint, als ob er zu den Brukterern in Beziehung stände: Bricteros ... pagum etiam quem Chamavi incolunt, depopulatus est. Also nicht Chamaven und Brukterer scheinen eins zu sein; — aber Ampsivarier und Brukterer. In denselben Gegenden wo Constantinus Bructeri, findet Julianus Ampsivarii, und Arbogastes wieder Bructeri. Zwar will Zeuss diese Ampsivarii des Julianus in's Innere versetzen, und er hat Recht, wenn er sagt, sie wohnten in den Schluchten, die jetzt erst von einem Römischen Heere betreten wurden[2]). Allein sie wohnen auch am Rhein: Rheno exinde (von Xanten) transmisso, regionem subito pervasit Francorum, quos Ansivarios vocant, ... Quos adortus subito, nihil metuentes hostile[3]), ... Diese Ausdehnung der Ampsivarier macht ihre Identität mit den Brukterern im höchsten Grade wahrscheinlich. Somit wären die Ampsivarier die sich bei dem Zuge des Arbogast auf den Höhen zeigen, die vor dem Feinde geflüchteten Brukterer, und die in der Notitia Imperii genannten Bructeri verträten vielleicht die Chamavi, oder fielen mit den ebendaselbst erwähnten Ampsivarii zu-

---

1) Rettberg, D. Kirchengesch. I, 258, 59.
2) Z. 342.
3) Gregor v. Tours II, 9.

sammen? Augenscheinlich fällt auch der pagus Ruricgowe und der pagus Borahtra zusammen.

Dulgibini. In Betreff der Dulgibinen stimmen die einzigen bei denen sie genannt sind, Tacitus und Ptolemäus, überein; Ptolemäus stellt sie in den Rücken der Angrivarier und Langobarden, Tacitus [1]), der die Sitze der Langobarden gar nicht kennt, stellt sie in den Rücken der Angrivarier. Sie mögen die obere Aller nördlich begleitet haben. Oder sind sie vielleicht die Fosi?

Langobardi. Zeuss [2]) stellt sie in das Land zwischen Lüneburg und Salzwedel; ich nehme keinen Anstand, sie bis zur Ohre auszudehnen. Contra Langobardos paucitas nobilitat [3]) kann nicht dagegen sprechen, da es im Gegensatz zu den Semnonen gesagt ist und dazu dienen soll, ihre Kraft und Tapferkeit hervorzuheben.

Chasuarii. $N\varepsilon\rho\tau\varepsilon\rho\iota\alpha\nu\varepsilon\varsigma$. $\Delta\alpha\nu\delta o\tilde{\upsilon}\tau o\iota$. Zeuss [4]) weist den Chasuarii die Hase an, und hält $N\varepsilon\rho\tau\varepsilon\rho\iota\alpha\nu\varepsilon\varsigma$ und $\Delta\alpha\nu\delta o\tilde{\upsilon}\tau o\iota$ [5]) für die aliae gentes haud perinde memoratae [6]). Ich muss dem zustimmen, obgleich etwas Entscheidendes nicht beigebracht werden kann. Mich bestimmt noch ein Grund zu der Annahme. Einige Stunden nördlich von Osnabrück mündet von links in die Hase die Düte. Westlich von Osnabrück liegt etwas hinter der Düte das Dorf Düte; südwestlich von Osnabrück liegt Hassbergen, südöstlich aber Nartbergen. Letzterer Ort hat schon 1085 bestanden. Es ist möglich, dass hier die Namen der drei Völkchen bis auf unsre Zeit erhalten worden sind. Sollten die Orte schon vor der Völkerwanderung bestanden haben, so würden die Danduten westlich zwischen der Düte und Tecklenburg, die Nertereanen [7]) östlich in dem Win-

---

1) T. G. 34.
2) Z. 109, 10, 11, 12.
3) T. G. 40.
4) Z. 113.
5) Pt.
6) T. G. 34.
7) „Nartbergen" hat allerdings nur die erste Sylbe des Stammes in

kel den die Hase an ihrer Quelle bildet, und die Chasuaren in der Mitte, um Osnabrück, gewohnt haben. — Die Ampsivarier sind unter den Cheruskern verschwunden[1]). Vielleicht gehörte dieser Winkel an der Hasequelle den Cheruskern[2]). Die Chasuaren und ihre Genossen erscheinen erst nach der Auswanderung der Ampsivarier[3]). Sind sie vielleicht mit ihnen identisch? Wohin sollten sonst die Ampsivarier gekommen sein, die im vierten Jahrhundert schon wieder am Rheine sitzen? —

$N\epsilon\varrho\tau\epsilon\varrho\epsilon\alpha\nu\epsilon\varsigma$. Auffallend ist es, dass grade in dem neuen Codex von Athos, der ältesten Handschrift des Pt., $N\epsilon\varrho\tau\iota\alpha\nu\alpha\iota$ statt $N\epsilon\varrho\tau\epsilon\varrho\epsilon\alpha\nu\epsilon\varsigma$ steht.

1) T. A. XIII, 56.
2) Siehe oben unter Cherusci.
3) T. G. 34 und Pt. Später kommen sie auch nicht vor.

Darstellender Theil.

Erstes Kapitel.

Die Suebischen Hauptstämme.

Der Name der Sueben ist von jeher ein Sammelname mehrerer Stämme gewesen. In jeder neuen Zeitperiode hat er eine andere Ausdehnung, und es scheint, als wenn er nicht einen gemeinschaftlichen Staat, sondern vielmehr eine gemeinschaftliche Gewohnheit bezeichnet habe [1].

Als Caesar den Versuch machte die Römische Herrschaft über den Rhein auszudehnen, hielt ihn der grosse Stamm der Sueben von weiterem Vordringen zurück. Bei ihm erscheinen die Sueben, die er schon im Heere Ariovist's kennen lernte, als ein Stamm, neben Harudes, Marcomani, Triboces, Vangiones, Nemetes, Sedusii [2]), während Tacitus [3]) die Marcomani und Sedusii selbst Suebi nennt.

Zu Caesar's Zeit erscheinen ferner die Sueben als ein Gemeinwesen, das durch seine tiefgreifende Ordnung die der eines Nomadenvolkes vergleichbar ist, eine bedeutende Wehrkraft entfaltet [4]) und auf die Nachbarstämme einen sehr starken Druck ausübt [5]).

Ihr Land scheint etwa Hessen und Thüringen, wol bis gegen die Elbe, gewesen zu sein. Westlich von ihnen

---

1) Z. 55—57. St. VII.
2) B. G. I, 51.
3) T. G. 40, 42.
4) B. G. IV, 1 und ff.
5) B. G. IV, 1, 3, 4.

wohnten ungefähr zwischen dem Main, der Sieg, dem Rhein und dem oberen Laufe der Lahn, die Ubier, und zwischen der Sieg, der Ruhr, dem Rhein und dem Rothhaar- und Eggegebirge die Sigambern; im Süden hatten sie als unbestimmte Gränze das von ihnen verwüstete Mainthal; im Norden den Harz der sie von den Cherusken schied [1]), im Osten vielleicht die Elbe [2]).

Nach Vertreibung der Ubier, welche Augustus auf das linke Rheinufer verpflanzte [3]), dehnten sie sich bis zum Rheine aus, als dessen Anwohner sie von Dio Cassius [4]) genannt werden.

Allein ihr Staat, der noch etwa 40 Jahre vorher allen Nachbarn furchtbar war, scheint zerfallen, und der westliche Theil, eben derjenige welcher die Ubier vertrieb und ihr Land in Besitz nahm, führt den Gesamtnamen nicht mehr, sondern erscheint unter dem Sondernamen $X\acute{\alpha}\tau\tau o\iota$ [5]). Die Westgränze der Sueben scheint damals ungefähr die Werra gewesen zu sein [6]). Zu derselben Zeit tritt uns noch ein Sondername des Volkes entgegen, der der Hermunduri. Diese wohnten am linken Ufer der Elbe, und scheinen ein bedeutender Stamm, da sie dem Vellejus dazu dienen, den Lauf des Flusses näher zu bezeichnen [7]). Der Gesamtname aber gilt für den Geographen jener Zeit (Strabo) noch vom Rhein bis zur Elbe, und die Sondernamen Chatti und Hermunduri haben sich nur den bis zur Elbe vorgedrungenen Heeren der Römer entdeckt. Die Sondernamen sind selbständig, der Gesamtname gilt noch als gemeinsame Bezeichnung, vorwiegend jedoch nur für die Hermunduren; von einem gemeinsamen Staatswesen aber findet sich keine

---

1) C. B. G. IV, 10.
2) K. Th. II.
3) St. IV.
4) D. C. LIV, 33.
5) ibid.
6) D. C. LV, 1.
7) V. P. II, 106.

Spur[1]). Ein unsicheres Gemunkel dehnt den Suebennamen östlich über die Elbe aus[2]). Dort wohnte schon damals der grosse Stamm der Semnones[3]).
Die Entdeckung der Namen Chatti und Hermunduri fällt ein Jahrzehnt vor Christus. Im Jahre 3 v. Chr. zwang eine Katastrophe die Hermunduren sich in zwei Theile zu trennen; deren einer, ziemlich beträchtlich, auswanderte, und die Donau überschritt. Domitius Ahenobarbus, damals Statthalter an der Donau, nahm ihn auf, führte ihn über die Donau zurück in das Land der Markomannen welche damals Böhmen besassen, und siedelte ihn daselbst, wahrscheinlich an der oberen Moldau, an[4]), wo er später zeitweilig als selbständiger Stamm eine Rolle spielte[5]).

Der zurückgebliebene vielleicht grössere Theil scheint am Ende des ersten Jahrhunderts südwestlich vorgerückt und über den oberen Main ausgebreitet[6]), und zwar vielleicht in Folge heftiger Kämpfe mit den Chatten um einen salzreichen Gränzfluss[7]), in denen die Hermunduren Sieger blieben[8]). Chatten und Hermunduren sind demnach zwei selbständige Gemeinwesen. Dies zeigt sich auch bei Gelegenheit der Kämpfe der Cherusker gegen die Römer, an denen die Chatten häufig theilnehmen[9]), während die Hermunduren stets tiefes Dunkel deckt[10]).

Ebenso geht es mit den Semnonen, die zu Tacitus' Zeit entschieden als Sueben, ja sogar als der religiöse Mittelpunkt derselben auftreten[11]). Sie waren dem grossen

---
1) Namentlich D. C. LIV, 33.
2) St. VII. K. Th. II.
3) V. P. II, 106.
4) D. C. F. 32.
5) D. Th. II.
6) T. G. 41.
7) Nach Z. 97 die Werra.
8) T. A. XIII, 57.
9) T. A., D. C. etc.
10) Vibilius gehört den in Böhmen angesiedelten H. an. K. Th. III.
11) T. G. 39. St. VII.

Suebenreiche des Marbod einverleibt[1]), und fielen beim Entscheidungskampfe desselben gegen Armin von ihm ab, um zum Feinde überzugehen[2]). In den achtziger Jahren waren sie selbständig, unter einem Könige[3]).

Zu dieser Zeit werden alle Germanen welche an der Donau, und zwischen Elbe und Weichsel wohnen, sowie auch links der Elbe die Hermunduren und Langobarden, und überdiess gar die Skandinaven, Sueben genannt[4]); es scheint damals der Name der Sueben ausser den wirklichen Sueben auch allen fern wohnenden Germanen beigelegt worden zu sein. Völker zwischen Elbe und Oder (die später auch unter dem Namen „Suebenfluss"[5]) vorkommt) rechneten sich wol selbst zu den Sueben, weil sie in der Völkerwanderung, nach Aufgeben ihrer Sondernamen, sich schlechthin Sueben, Schwaben, nennen[6]).

Hundert Jahre später aber erscheint der Suebenname wieder auf die Hauptstämme allein beschränkt, mitten durch Deutschland vom Rheine bis zur Oder geltend, und in drei grosse Stämme zerfallend[7]). Allein nur der Name der Semnonen hat sich unter den dreien erhalten. Die Chatten existieren noch, jedoch nur als Unterabtheilung des westlichen den Rhein berührenden Drittels, der Langobarden-Sueben. Der Theil der Chatten welcher sich in den früheren Sitzen der Ubier am Rheine festgesetzt hatte[8]), ist, nachdem er sich vom Stammvolke losgelöst, der Beschaffenheit des Landes gemäss in vier kleine Theile zerfallen, die von Ptolemäus Ἰγγρίωνες, Ἰντουέργοι, Οὐαργίω-

---

1) T. A. II, 45. St. VII.
2) T. A. II, 45.
3) D. C. LXVII, 5.
4) T. G. 38—46.
5) Σουῆβος ποταμός, Pt.
6) Semnonen, Variner, Juthungen: Z. 457, 360, 312.
7) Pt. — K. Th. II.
8) Die früheren Mattiaci, jetzt, wie es scheint, wieder frei von Römischer Herrschaft. Z. 98.

νες und *Καριτνοί* genannt werden. Die Hermunduren dagegen sind zerfallen, und haben aufgehört zu existieren¹). Sie scheinen durch das niederdeutsche²) Volk der Anglii aus ihren Sitzen verdrängt. Diese Angeln, welche Tacitus unter den die Elbe begleitenden Sueben aufzählte³), mögen um's Jahr 3 v. Chr. die Hermunduren mit Gewalt nach Süden gedrängt, und die Auswanderung des Böhmischen Theiles, wie auch die Vorschiebung des zurückgebliebenen südlich über den Thüringer Wald hinaus bewirkt haben⁴). Jetzt nehmen sie, ein grosses weit ausgedehntes Volk⁵), die weiten Sitze der früheren Hermunduren zwischen der Elbe, dem Harz, der Werra, und dem Thüringer Wald und Erzgebirge ein. Ein Rest der Hermunduren⁶) hat den Fuss des Thüringer Waldes und Erzgebirges behauptet, und führt bereits den (späterhin, nach Auswanderung der Angeln so berühmt gewordenen) Namen der Thüringer, *Τευριοχαῖμαι* (mit der Endung ‚heim', nach ihrem Lande) von Ptolemäus benannt. Von dem zu Tacitus' Zeit über den oberen Main ausgebreiteten Theile der Hermunduren sind vermuthlich zwei nebeneinander wohnende Reste übrig, welche Ptolemäus *Τοῦρωνες* und *Μαρουίγγοι* nennt.

Die Suebischen Hauptvölker sind also zu Ptolemäus Zeit folgende:

Σουῆβοι *Λαγγοβάρδοι*.	Σουῆβ. *'Αγγειλοί*.	Σ. *Σέμνονες*.
'Ιγγρίων. *'Ιντουέρ*. *Χάτται*.	*Αγγειλοί*.	
Οὐαργ. *Καριτ*.	*Τευριοχαῖμαι*.	
(In Nassau und Hessen.)	(In Thüringen.)	(Zwischen Elbe, Oder, Havel, und Gebirge.)

---

1) K. Th. II. In Böhmen bleibt der Name bis zum Hunnensturm.
2) Z. 153 unten.
3) T. G. 40. — K. Th. II.
4) Eine stete Spannung der Angeln und Hermunduren in ihrem sichern Winkel gegen einander mag sie von den grossen Kämpfen des Armin und Marbod ferngehalten, und so den Augen der Römer verborgen haben; daher denn das Dunkel über sie zu jener Zeit.
5) Pt. „*μέγιστον*."
6) K. Th. II.

Ein Staatsverband der drei Theile zeigt sich auch jetzt nicht.

Der Name Suevia findet sich noch nach einem halben Jahrhundert[1]), zwischen den in's Sigambernland gedrängten[2]) Brukterern und dem neuen Stamme der Alamannen, die um 213 n. Chr. zum erstenmal auftreten[3]). Suevia gilt hier offenbar für die Chatten am Rheine. Mit dem Beitritt der Chatten zur Fränkischen Stammesvereinigung hört der Name hier auf, und Semnonen (?)[4]), Juthungen (?)[5]) und Variner[6]) führen ihn nach Spanien, Würtemberg, und an die Bode.

Zweites Kapitel.
Die Donausueven.

Der Suebenstamm des Caesar hat die Wüste, die er durch Vertreibung der Kelten in Böhmen und dem Lande zwischen Rhein, Main, Donau und Böhmer Wald hergestellt[7]), alsbald durch tapfere Schaaren besetzt, Markomannen (Marcomani) in ihrer Sprache[8]). Caesar kennt sie bereits im Heere des Ariovist, und eben sie waren vielleicht jene Germanen die der Rhein von den Helvetiern schied, und mit denen letztere sich häufig schlugen[9]). Durch die Züge des Drusus beunruhigt, zogen sich die Markomannen hinter den Böhmer Wald nach Böhmen,

---

1) Tab. Peut. Pt. wird zu den Jahren 130, 160, 180 angegeben.
2) Z. 351.
3) D. C. LXXVII, 13.
4) Suevi. Z. 457.
5) Suavi. Z. 315.
6) Nordosquavi. Z. 363, 64.
7) Die Bojen sind bereits vor dem Auszuge der Helvetier aus der Schweiz nach Noricum gewichen; C. B. G. I, 5. Dazu stimmt T. G. 42: pulsis olim Boiis. Bestätigend St. VII. Pt. Ἔρημος τῶν Ἑλουητίων.
8) Z. 114, 115.
9) C. B. G. I, 1, 2.

Bojohaemum, zurück¹), geführt von dem tapferen Marbod, der bald als ihr König erscheint. Dieser erhob sein Volk zu bedeutender Macht; seiner Gewalt waren unter anderen Quaden, Ligier, Semnonen²) und Langobarden³) unterworfen.

Die Markomannen aber sind nicht das einzige Germanische Volk, das zur Zeit des Augustus an der Donau erscheint. Um das Jahr 3 v. Chr. siedelte Domitius Ahenobarbus, Statthalter an der Donau, ausgewanderte Hermunduren im Lande der Markomannen (d. h. Böhmen), wahrscheinlich in der Gegend der Moldauquelle⁴), an. Und bald darauf sind den Alten auch die Quaden bekannt, Griechisch entstellt Κόλδονοι, deren Sitze zwischen dem Mährischen Walde und der March zu suchen sind⁵). Auch führte Marbod mit den Markomannen viel Kolonisten nach Böhmen. Die Hermunduren sind nicht mit Namen als Unterthanen Marbod's genannt, doch können sie es sehr wol gewesen sein.

Marbod, den wir zuerst im Gegensatz gegen Rom finden⁶), lehnte sich bald an den früheren Gegner an, und suchte sein Staatswesen theilweise nach Römischem Muster einzurichten. Offen bewies er bald, dass er es eher mit Rom, als mit dem genialen Besieger des Varus, Armin, halten werde⁷). Der Ausbruch des Kampfes liess nicht lange auf sich warten. Zu dem populäreren Cheruskerhelden gingen einige von Marbod unterworfene Stämme (Semno-

---

1) T. G. 28, 42, V. P. II, 108, 109, St. VII, Z. 115.
2) St. VII, Z. 136. Die Namen des St. sind ganz verderbt und unsicher.
3) T. A. II, 45.
4) K. Th. D. C. F. 32.
5) St. VII; ihm wohnen sie ausserhalb des Herkynischen Waldes, und gränzen an die Geten. Dieses macht es im höchsten Grade wahrscheinlich, dass sie schon damals dieselben Sitze inne hatten, wie bei Tacitus und Ptolemäus.
6) V. P. II, 108, 109, 110.
7) Er sandte des Varus Kopf, den ihm Armin geschickt hatte, nach Rom: V. P. II, 119.

nes, Langobardi) über, während sich der selbstsüchtige Nebenbuhler Armin's (Inguiomerus) zu Marbod flüchtete[1]). Den Römern erschien Armin als Freiheitskämpfer, Marbod als Gewaltherr. Als Marbod das Schlachtfeld geräumt hatte, fiel Alles von ihm ab, so dass er sich entschloss, die Hülfe der Römer anzurufen, jedoch vergebens. Sein Reich war zertrümmert; er selbst verlor alsbald auch die Gewalt über die Markomannen, indem Catualda, ein junger Markomannischer Edler[2]), von ihm einst vertrieben, sich der Herrschaft bemächtigte. Marbod endete sein Leben bei den Römern. Sein Nachfolger erlitt dasselbe Schicksal. Die Hermunduren an der Moldauquelle[3]), von Vibilius geführt, vertrieben ihn[4]). Dass auch er sich auf Rom gestützt, ist wahrscheinlich, da er nach Gallia Narbonensis floh. Mit ihm scheint sein und Marbod's Heergeleite über die Donau gegangen zu sein, denn die Römer führten es über den Fluss zurück an die March, und gaben ihm den Quaden Vannius zum Könige[4]). Die Sitze der neu Angesiedelten, welche zuerst meist den Namen Suebi führen, später nach ihrer früheren Heimat Baemi heissen, fallen auf das rechte Ufer der unteren March[5]).

Vannius[6]), durch die Römer erhoben, war natürlich auch ihr Anhänger. Im Anfange seiner Regierung soll er berühmt und beliebt gewesen sein, aber als er sich sicher fühlte, sich hochmüthig gezeigt haben[7]). Bei den Nachbarn verhasst, stürzten ihn dieselben, die Hermunduren, unter demselben Vibilius (der jetzt als ihr König erscheint), unterstützt durch Vangio und Sido, Schwestersöhne des Vannius, und durch Ligier, die in grosser Anzahl mit an-

---

1) T. A. II, 45.
2) Dahn I, 108, 109.
3) K. Th. III.
4) T. A. II, 63.
5) Pli. N. H. IV, 12.
6) 19—50 n. Chr.
7) T. A. XII, 29, 30.

deren Völkern zusammen herbeizogen, gelockt durch die Schätze des Vannius, die dieser durch Raub und Gewalt vielleicht von ihnen einst erpresst hatte. Vannius, der sich umsonst mit Jazygen verstärkt hatte, entfloh nach Pannonien; in sein Reich aber theilten sich seine Neffen, Vangio und Sido, deren ersterer später Italicus genannt wird, unbedingte Anhänger Rom's [1]), die ein Jahrzehnt später sogar an den inneren Kämpfen Rom's sich betheiligten.[2]) Dieses durch die Römer beherrschte neue Suebenreich tritt nun ganz in den Hintergrund; und von Königen aus ihrem Stamme, dem edlen Geschlechte des Marbod und dem des Tuder beherrscht[3]), treten Markomannen und Quaden in den achtziger Jahren energisch gegen Rom auf; die Quaden (Sueben genannt) drohen, weil Domitian die Ligier gegen sie unterstützt, mit einem Einfall in Pannonien;[4]) die Markomannen schlagen einen Angriff des Domitian kräftig ab.[5])

Am Ende des ersten Jahrhunderts n. Chr. gewinnen wir einen deutlichen Ueberblick über die Sitze der Donausueben. Zu derselben Zeit wo die Thüringischen Hermunduren ihre Südgränze wie es scheint über das Gebirge südlich bis gegen den obern Main vorschoben, finden[6])

---

1) T. A. XII, 29, 30.
2) T. H. III, 5.
3) T. G. 42.
4) D. C. LXVII, 5. Suebisch-Sarmatischer Krieg. Mommsen (Zeitschr. Hermes, 1868, III, 115, 116) hält diese Sueben für das regnum Vannianum. Mir ist das nicht recht wahrscheinlich. Kein Anzeichen, kein Name zwingt dazu, anzunehmen, dass das regnum Vannianum noch nach Vangio und Sido bestanden habe; vielmehr spricht T. G. 42 dagegen, und noch mehr D. C. LXVII, 5. Denn die barbari utrumque comitati sind eine Pflanzung Roms, und erscheinen stets im engsten Zusammenhange mit den Römern, worauf die Gegnerschaft wegen der Ligier nicht passt. Auch müssen zwischen dem regnum V. und den Ligiern (Buren?) die Quaden gewohnt haben. Vielmehr ist es natürlich, dass der innerlich zerrüttete Staat des Vannius sich mit den Quaden vereinigte.
5) D. C. LXVII, 7.
6) T. G. 41, 42.

wir zwischen ihnen und den Markomannen, an der Westseite des Böhmerwaldes, bis gegen die Donau hin, das Volk der Naristi, bisher nicht genannt, niemals von Bedeutung. In Böhmen wohnen die Markomannen und an den Quellen der Moldau (damals Elbe) die Böhmischen Hermunduren. In Mähren zeigen sich die Quaden; der Staat des Vannius ist mit zu ihnen gezählt.[1] Den Quaden im Rücken wohnen Cotini, Osi, Buri; wahrscheinlich auf dem Riesengebirge Marsigni. Cotini und Osi sind fremde unterworfene Völker, die Cotini graben Eisen, beide zahlen an die Sarmaten und Quaden Tribut, und wohnten demnach zwischen ihnen.[1]

Wieder erscheinen die Markomannen und Quaden von Rom abhängig, das ihnen Könige giebt, diese durch Geld unterstützt und für seine Zwecke benutzt.[2]

Um 180 n. Chr. sind, wie oben gesagt ist, die Thüringischen Hermunduren zerfallen; die Donausueben aber zeigen sich noch in ungeschwächter Kraft, und den Römern höchst gefährlich: die alte, durch herrschsüchtige Männer vermittelte Abhängigkeit von Rom hat einer heftigen Gegnerschaft Platz gemacht. Noch sitzen im Osten des Böhmerwaldes die Naristen (Οὐαριστοί), in Böhmen die Markomannen, an der March die Quaden. Die Cotiner graben Eisen, die Buren führen den Ligiernamen. Die Böhmischen Hermunduren, die den alten Namen noch fortführen, stehen noch am alten Flecke, von den Kelten Sudenen genannt; statt der Marsigner finden sich gegen das Riesengebirge hin *Βατεινοί* und *Κορκοντοί*.[3]

Da zu jener Zeit, wie es scheint, die Gothen gegen Süden drängten, suchten diese Donauvölker die Schranke die Rom der Donau entlang gezogen hatte zu zertrümmern. Heftige, mit der Ausdauer der Verzweiflung geführte Kämpfe waren die Folge. Zuerst traten Markomannen, Quaden,

---

1) T. G. 41, 42.
2) T. G. 42; „nec minus valent."
3) Alles im K. Th. III.

— 59 —

Viktohalen (Ligier?) und die Sarmatischen Jazygen[1]) an der Theiss, gefahrdrohend[2]) auf; zum Glück der Römer aber vereinzelt.[3]) Markomannen und Jazygen wurden zur Ruhe gebracht[4]), dann die Quaden durch einen glücklichen Zufall so entscheidend geschlagen[5]), dass sie, und mit ihnen andere Völker, unter harten Bedingungen um Frieden bitten[6]), und sich einen durch die Römer eingesetzten König gefallen lassen mussten.[7]) Dabei verfolgte Marcus die Politik, die feindlichen Völker zu trennen; denn durch Unterwerfung der zwischen ihnen wohnenden Quaden waren die Markomannen von den Jazygen abgeschnitten, zum Vortheil der Römer, da diese beiden Völker noch immer feindlich erscheinen.[6])

Während nun hinter Dacien die Germanischen Asdinger und Lakringer ($\mathit{Λακριγγοὶ}$) sich umherschlugen, standen die Quaden in wirklicher Abhängigkeit von Rom, während die Markomannen feindlich waren.[8]) Auch die von den Quaden abhängigen Cotiner standen auf der Seite Roms, empörten sich aber.[8]) Ebenso die Quaden. Diese vertrieben den aufgenöthigten König und erhoben einen anderen aus eigener Wahl an seine Stelle, nachdem sie die Markomannen stets heimlich unterstützt hatten.[9]) Ihr sowie der Jazygen Antrag auf Frieden wurde von Markus abgewiesen, und ein neuer Kampf begann, heftiger, entscheidender als der erste.[9]) In diesem sind alle Germanischen und fremdzüngigen Donauvölker in Aufruhr und Waffen: Markomannen, Varisten, Hermunduren; Quaden und Sueben (wol Ein Volk); ausser diesen Sarmaten; La-

---

1) D. C. LXXI, 3. Cap. Ant. 14.
2) Cap. Ant. 15.
3) D. C. LXXI, 3.
4) D. C. LXXI, 7, 8.
5) D. C. id. 8.
6) D. C. id. 11.
7) Cap. Ant. 14.
8) C. C. LXXI, 12.
9) D. C. id. 13.

kringer Buren und Viktualen (dieses sind wol die Vandalen, Ligier); Osen, Bessen, Roxolanen, Bastarnen, Alanen, Peukiner (ein Theil der Bastarnen), und Costoboken.[1] Der Krieg endete mit entschiedener Unterwerfung der Germanen. Die Quaden verloren ihren neuen König[2], die Markomannen wurden an der Donau geschlagen.[3] Quaden[4] und Markomannen[5] erhielten Frieden, während Markus ihn den Jazygen verweigern wollte, und nur ungern zugestand[6], später aber sogar ermässigte, als die Feindseligkeiten gegen Markomannen, Hermunduren und Quaden[7] wieder ausgebrochen waren, gegen welche Jazygen und Buren den Römern Hülfstruppen stellten.[8] Von allen Seiten eingeengt, litten die Markomannen und Quaden unter den Schädigungen durch die in ihrem Gebiete liegenden Römischen Festungen so sehr, dass sie sich beschwerten, und die Quaden sogar zu den Semnonen auszuwandern beschlossen, was ihnen jedoch verwehrt ward.[9] Die Naristen aber wanderten, 3000 an Zahl, wirklich aus, und wurden in Römischem Gebiete angesiedelt.[10]

Nach Markus' Tode schloss Commodus mit den Markomannen und Quaden, indem er ihre Bedingungen annahm, Frieden, wodurch sie vor gänzlichem Untergange gerettet wurden.[11]

Die Markomannen und Quaden blieben noch lange

---

1) Cap. Ant. 22.
2) D. C. id, 14.
3) Cap. Ant. 21.
4) D. C. id, 16.
5) D. C. id, 15, 16. Cap. Ant. 22.
6) D. C. id, 16, 17.
7) Cap. Ant. 27.
8) D. C. id, 18, 19.
9) D. C. id, 20.
10) D. C. id, 21. Vielleicht die spätern Warasci? Es ist möglich, dass der grössere Theil des Volks zu Hause blieb, und später in die Alemannen aufging.
11) D. C. LXXII, 2, 3. Cap. Ant. 27: provincias ex his fecisset. Lampridii Commodus 3; legibus hostium addictus.

die Geisel der Römischen Donauländer.¹) Kurz vor dem Hunnensturm erscheinen noch Markomannen, Quaden (auch Sueven genannt) und Hermunduren an der Donau²), im Hunnensturm selbst als Theile von Attila's Hülfstruppen noch Markomannen; die Hermunduren haben den neuen Namen der Thüringer (Toringi), wol aus alter Erinnerung ihrer Verwandtschaft mit den Thüringischen Hermunduren, angenommen.³) Als Baiovarii zogen später die Markomannen nach Baiern;⁴) die Thüringer finden sich am Regen wieder⁵), bis sie durch den Frankenkönig Siegbert in einem besonderen Kriegszuge besiegt und unterworfen wurden.⁶)

Drittes Kapitel.
Die Cherusker und ihre Genossen.

Die Cherusker waren bereits zur Zeit Caesar's das hervorragendste der Völker zwischen den Sueben und den Küstenvölkern. Sie waren damals durch den Harz von den Sueben geschieden.⁷)

Die Züge des Drusus galten oft den Cheruskern, welche sich westlich über die Weser hinaus auch über den Winkel zwischen dem Teutoburger Wald, dem Höhenzuge von der Porta Westphalica bis Osnabrück, und der mittleren Weser, erstreckten.⁸) Die Römer hatten ihren Einfluss, durch Zertheilung der Stämme, bereits bis zur Weser vorgeschoben.⁹) Da wurden sie durch die Niederlage

---

1) Z. 364, 65, 462, 63.
2) Z. 365, 464.
3) Sidonius Apollinaris, carmen 7.
4) Z. 366—380.
5) Geographus Ravennas IV, 25.
6) Viele Zeugnisse. Siehe dafür Rettberg Kirchengeschichte Deutschlands II, 286.
7) C. B. G. VI, 10.
8) V. P. II, 105. D. C. LIV, 33, LV, 1.
9) D. C. LVI, 18.

des Varus im Jahre 9 n. Chr. durch die unter Arminius vereinigten Gegner des Römischen Wesens plötzlich entscheidend über den Rhein zurückgeworfen.[1]) Spätere wiederholte mit Aufbietung aller Mittel ausgeführte Angriffe der Römer unter Germanicus wurden von den Cheruskern, zum Theil in losem Bündniss mit Nachbarstämmen, die der gemeinsame Feind und die grosse gemeinsame Gefahr mit ihnen vereinigten, zurückgewiesen[2]), und hatten den Erfolg, dass Armin, ein aussergewöhnlicher Mann, eine Art von populärer Obergewalt über die vereinigten Stämme[3]) auszuüben begann, die ihn in Stand setzte, dem Reiche des Marbod einen tödtlichen Stoss zu versetzen. Semnonen und Langobarden schlossen sich hierbei an Armin an, von dem sie die Freiheit, die Marbod ihnen genommen, wiederzuerhalten hofften.[4])

Wenn hier überhaupt von einem Cheruskischen Staate die Rede sein kann, so müssen wir denselben als ein Schutz- und Trutzbündniss zu gemeinsamer Abwehr der gemeinsamen Gefahr betrachten, dessen Seele und Haupt Armin war. Nach Abwendung der von Rom und Marbod drohenden Gefahr jedoch scheint Armin bemüht gewesen zu sein, die widerstrebenden Stämme dauernd zu vereinigen; ja er strebte nach dem Königthume, welches er in langen Kämpfen gegen inneren Widersand mit den Waffen zu erringen suchte, und fiel, vielfach auf den Tod gehasst[5]) durch meuchlerische Hand Verwandter.[6])

Erbittert dauerten die inneren Kämpfe fort, zu grosser Abschwächung des Volkes.[7]) Das Bedürfniss nach dem

---

1) V. P. II, 117—120. D. C. LVI, 18—24. Siehe die vortrefflichen Ausführungen bei Köpke, „das Königthum unter den Gothen," Seite 26 ff.
2) T. A. I, 57—70. II, 8—24.
3) „Cherusci sociique eorum," T. A. II, 45.
4) T. A. II, 44—47.
5) Adganestrius bei T. A. II, 88.
6) T. A. II, 88. Deutlicher lässt sich die Geschichte Armin's kaum erkennen.
7) T. A. XI, 16: Der Adel war gänzlich aufgerieben worden.

Erbkönigthum für das Armin den Tod erlitten hatte, drang durch, und Armin's Neffe Italicus fand, obwol der Sohn des untreuen Flavus und in Rom erzogen, doch allgemeine Anerkennung.¹) Er war dem Volke auf seine Bitte hin vom Kaiser gegeben, und ward von diesem unterstützt; kein Wunder, dass er in einer Weise regierte, die den Anhängern freierer ungebundnerer Lebensart nicht behagte. Diese fanden bei benachbarten, vielleicht in einem Verhältniss der Abhängigkeit stehenden Stämmen²) Unterstützung, wurden aber von Italicus geschlagen. Als Sieger übermüthig geworden, ward er vertrieben, jedoch durch die Langobarden, welche vermuthlich seit ihrem Abfall von Marbod zu Armin den Genossen der Cherusker sich beigesellten, in seine Gewalt wieder eingesetzt, welche er längere Zeit ruhig führte.¹)

Kurz darauf begann die Bewegung der später den Sachsen angehörenden Völker nach Westen, indem die Angrivarier, die auch den Namen Chaulci führten, den nördlichen Theil der Brukterer, die in den Auen zu beiden Seiten der Hase wohnenden Ampsivarier, vertrieben, und ihr Land in Besitz nahmen. Die Vertriebenen scheinen von den Cheruskern aufgenommen worden zu sein.³)

Noch in den achtziger Jahren erscheint bei den Cheruskern ein König, Chariomer. Gegen diesen als Römerfreund zogen die Chatten zu Felde, und vertrieben ihn. Siegreich zurückgekehrt, musste er zum zweitenmale weichen, und von Rom nur durch Geld unterstützt, scheint er sein Reich dauernd verloren zu haben.⁴) Hierauf weist der Zustand hin, in welchem wir die Cherusker am Ende des Jahrhunderts finden. Sie sind der Spott, der Spielball der Andern, ihre Selbständigkeit ist durch die Chatten

---

1) Er allein war vom Adel übrig. Siehe Note 7 auf S. 62.
2) Den Chatten? Vgl. T. A. XII, 28.
3) Siehe die Abhandlungen im K. Th. IV.
4) D. C. LXVII, 5.

zertrümmert; aber sie haben nicht, wie der Römer¹) meint, aus Trägheit und Liebe zum Frieden, sondern innerlich gebrochen und aufgerieben durch den Hass der Partheien, ihren Untergang gefunden.

Natürlich ist auch die Vereinigung, deren Mittelpunkt und Kraft sie waren, gelöst. Und leider erst jetzt gewinnen wir einen Ueberblick über die Sitze der jene Gegenden bewohnenden Völker, ohne Zweifel der socii der Cherusker, welche sich unter Armin gegen Rom und Marbod vereinigt hatten. ²)

Die Cherusker sitzen noch in den alten Gränzen. An ihrer Nordwestspitze zeigt sich ein neues Völkchen, die Chasuarii, mit anderen, deren Namen nicht bekannt sind, zusammen; vielleicht die Reste der ausgewanderten Ampsivarier. ³) Oestlich an der oberen Ems und Lippe, bis zu ihren Quellen, sitzen die südlichen Brukterer, die den Namen Chamavi zu führen scheinen, das Land der nördlichen Brukterer, zwischen Ems, Hochmoor, Hunte und Nordspitze des Teutoburger Waldes haben die Angrivarier in Besitz genommen ⁴), welche einen bedeutenden Raum einnehmen. Ihre vermuthliche Südgränze gegen die Cherusker sind die bei der Porta Westphalica sich begegnenden Höhenzüge zu beiden Seiten der Weser; von dem Deistergebirge läuft die Gränze die Leine hinab, und vielleicht noch die Aller ein Stück hinauf. ⁵) Nördlich von ihnen wohnten die Chauken, östlich die Langobarden an der Elbe, ungefähr von Lüneburg bis zur Ohre; im Südosten, ungefähr nördlich der oberen Aller, die Dulgibinen, wol an der Fuse die Fosen.

Ein Jahrhundert später haben diese Völker noch die-

---

1) T. G. 36.
2) T. G. 30, 33, 34, 35, 36, 40.
3) Siehe die Abhandlung unter Chasuarii im K. Th. IV.
4) K. Th.: Angrivarii und Bructeri.
5) K. Th. IV: Cherusci.

selben Gegenden inne, die Ampsivarier scheinen restituiert.¹) Nachrichten fehlen über jene Zeiten, und in immer tieferes Dunkel hüllen sich vor Allem die Cherusker in den Zeiten der Völkerwanderung. Im Anfange derselben erscheint nur noch einmal in verderbter Gestalt ihr Name²), und im sechsten Jahrhundert nach unsicherer Lesart noch einmal, im Bunde mit den Chauken von Seeräubern nach Gallien getragen.³) Die Cherusker und Angrivarier scheinen nach verschiedenen Schicksalen in die erobernd nach Süden vordringenden Saxen aufgegangen zu sein⁴); während die Langobarden nach Italien, die Brukterer nach Gallien zogen, als Franci.

Viertes Kapitel.

Die Anwohner der Elbmündung.

Im Jahre 12 v. Chr., als Drusus die Friesen unterwarf⁵) und ihnen einen kleinen Tribut auferlegte⁶), wohnten an der Meeresküste östlich neben den Friesen die Chauken, gegen welche Drusus einen gefahrvollen Zug vergeblich unternahm, auf dem ihn ein Friesisches Kontingent begleitete.

Die Chauken erscheinen von Anfang an alleinstehend, ja sogar unter sich in einzelne Theile aufgelöst⁷), und wurden so im Jahre 9 v. Chr. von Drusus unterworfen.⁷) Noch im Jahre 14 n. Chr. lagen Römische Truppen in ihrem Lande.⁸)

---

1) Pt. — K. Th. 541, Anm. 4.
2) CRHEPSTINI, Tab. Peut.
3) Könnte nicht CANOBO CHERVCIS aus CAVCHOCHERVSCIS verderbt sein?
4) Rettberg II.
5) D. C. LIV, 32.
6) T. A. IV, 72.
7) V. P. II, 106.
8) T. A. I, 38.

Im Ganzen geht nun ihr Schicksal mit dem der Friesen Hand in Hand. Bei dem im folgenden Jahre ausgeführten Zuge des Germanicus zieht eine Römische Heeresabtheilung widerstandslos durch das Land der Friesen an die Ems, die Chauken versprechen den Römern Hülfe.[1]) Ein Jahr darauf stehen auf der Idisiaviso Chauken im Römischen Heere, aber Armin freundlich gesinnt.[2]) — Sie wohnen auch jetzt am Meere[3]) und auf Inseln[4]), und theilen sich in Chauci maiores, minores.

Drei Jahre darauf erheben sich die Friesen siegreich gegen die Römer[5]), und es scheint, als hätte dieses auch die Unabhängigkeit der Chauken hergestellt. Denn im Jahr 47 n. Chr. flüchtet sich ein im Römischen Heere dienender Kanninefate zu ihnen und sammelt sich unter ihnen eine Seeräuberschaar, mit welcher er, in Nachen über das Meer fahrend, die Provinz Germania inferior belästigt.[6]) Nur auf kurze Zeit kann der Römische Feldherr Corbulo die Friesen wieder unterwerfen, und die Chauken bekämpfen.[7]) Auch zehn Jahre später handeln die Friesen selbständig gegen die Römer, wenn auch ihnen nicht gewachsen[8]), und ebenso handeln die Chauken. Im Jahre 70 treten sie geradezu angreifend gegen die Römer auf, im Bunde mit den aufrührerischen Bataven.[9])

Nun hüllen sie sich in Dunkel. Hundert Jahre später bewohnen sie noch dieselben Gegenden, weiter wissen wir von ihnen Nichts. Aber die ihnen gegenüberliegende Seite der Elbmündung wird jetzt plötzlich vor unser Auge geführt: ungefähr von der unteren Elbe, der Nordsee, viel-

---

1) T. A. I, 60.
2) T. A. II, 17.
3) T. A. II, 24. St. VII.
4) Pli. XVI, 1.
5) T. A. IV, 72—74.
6) T. A. XI, 18.
7) T. A. XI, 19; D. C. LX, 30.
8) T. A. XIII, 54.
9) T. H. IV, 79; V, 19.

leicht der Eider, und der Ostsee umschlossen, östlich bis ungefähr znm Schweriner See oder zur Warnow reichend, tritt das Volk der Saxen in bedeutender Ausdehnung vor uns, zugleich durch den Besitz einiger Nordseeinseln als Seefahrer, bezieh. Seeräuber, gekennzeichnet.[1])
Beide Völker zeigen sich in der Völkerwanderung als Bundesgenossen, und der Name der Saxen dehnt sich als Gesamtname durch die folgenden Jahrhunderte über ganz Norddeutschland aus.

Fünftes Kapitel.
Die Völker zwischen Elbe und Ostsee.

Die Geschichte dieser Völker ist uns dunkel; die Begebenheiten wurden den Römern nicht bekannt. Einzig die Geographen geben uns Nachrichten über ihre Wohnsitze. Tacitus nennt uns unter den Sueben die ihm, wie er selbst gesteht, fast unbekannt sind, Reudigni, Aviones, Anglii, Varini, Eudoses, Suardones, Nuithones. Aber erst Ptolemäus macht es uns möglich, sie zu bestimmen. Zwischen seinen $Σάξονες$ und den Semnonen wohnen $Τευτονοάροι$ und $Οὐίρουνοι$; östlich von den Saxen, von ihnen durch den $Χαλοῦσος ποταμὸς$ (Ausfluss des Schweriner Sees oder Warnow) getrennt, an der Ostsee, $Φαροδεινοί$ bis zum

---

[1] Alles bei Pt. Die Saxen werden vielfach für einen blossen Sammelnamen gehalten, was nicht unmöglich ist. Ehe es aber wahrscheinlich wird, werden wir uns an Pt., die einzige Quelle über sie, zu halten haben. Danach sind Nordsee, Unterelbe und Ostsee als Gränzen kaum anzufechten. Im Norden könnte die Eider stimmen. Schwierig ist der $Χαλοῦσος ποταμὸς$, die Ostgränze zu erklären. Die Trawe wird er, seiner Lage wegen schwerlich sein. Z. 150. Sein Name $Χαλοῦσος$ könnte auf das nördlich von Wismar gelegene Salzhaff hindeuten, seine Lage stimmt am Besten zu dem in das Salzhaff mündenden Ausflusse des Schweriner Sees, oder denn zur Warnow. Dass hier kleinere Flüsse in Betracht kommen, darf nicht auffallen. Die Namen von Grenzflüssen wurden viel eher gemerkt, als die von Binnenflüssen. Wol desshalb kennt Pt. den Main nicht, der jetzt als Gränzfluss den Franzosen bekannt ist.

Oderdelta; diesen südlich, neben den *Τευτονοάροι, Τεύτονες*; neben den *Ούιρουνοι Άυαρποι*. *Τευτονοάροι* und Reudigni sind vielleicht dasselbe, und finden sich in den Juthungi und Ziuvarii der Völkerwanderung wieder;[1]) *Φαροδεινοί* fallen mit den Svardones zusammen (der Name ist Griechisch verändert, um einen Sinn hineinzubringen); *Τεύτονες* fallen mit Niuthones zusammen, und *Ούιρουνοι* und *Άυαρνοι* (so zu lesen statt *Άυαρποι*) sind ein Volk, Weriner oder Warner, Varini des Tacitus. Die Anglii desselben wohnten vielleicht schon zu seiner Zeit im nordöstlichen Lande der Hermunduren; Aviones sind vielleicht die *Κοβανδοί* des Ptolemäus und gehören also nach Südschleswig, die Sedusii fallen ohne Zweifel mit den in Jütland wohnenden *Φουνδούσοι* zusammen.

Diese Völker erlitten in der Völkerwanderung seltsame Schicksale. Die Suardonen finden sich als Heruli[2]) an der Donau wieder, die Teutonoaren siedeln sich als Suabi, Schwaben in Alemannien an, wo sie noch jetzt sitzen[3]), die Teutonen wandern als Jüten[4]) nach Jütland und mit Saxen und Angeln nach England, und die Variner schwingen sich vermuthlich für kurze Zeit zu grosser Macht empor, bis sie, gestürzt, in unbedeutenden Resten als Nordschwaben zwischen Harz und Saale angesiedelt werden (?).

1) Z. 149 Anm. 3; 150. Ganz anders Müllenhoff in den Nordalbing. Studien.
2) Z. 154, 476. Ganz ungewiss.
3) Z. 315, 16.
4) Z. 146 Anm.

Nachträge.

Seite 8., Mitte. — Müllenhoff (Haupts Zeitschrift IX, 231) hält dafür, dass Ptolemäus aus zwei Karten zusammengezeichnet sei. Ich mag dem θειὸς γεώγραφος nicht einen solchen Leichtsinn zutrauen. Ich schiebe lieber die Fehler der Karte auf Undeutlichkeit und Mangelhaftigkeit der von Ptolemäus benutzten Berichte.

Seite 9., Mitte. — Der Satz: „Hieher möchte ich ausser den Οὐισβούργιοι die Βουσάκτεροι οἱ μείζους zählen, deren späteres Vorkommen durchaus in Frage gestellt ist" ist stehen geblieben. Er widerspricht der Anmerkung 4 auf Seite 41.

Diese Anmerkung habe ich erst später hinzugefügt, und ich bitte den Leser sich an dieselbe zu halten. Ich habe den Aufsatz Mommsens erst später ganz zufällig gefunden, und aus ihm erst den Brief des Plinius kennen gelernt, der sonst den Historikern entgangen zu sein scheint. Somit wäre vielleicht anzunehmen, dass Bojocalus nur mit seinem direkten Anhang (man vergl. „barbari utrumque comitati" bei Tac. A. II, 63) vertrieben, der zurückgebliebene Theil der Ampsivarier von den Angrivariern unterworfen, und das Gefolge des Bojocalus allerdings von den Cheruskern verkauft worden sei. Wer dann der inductus rex ist, ob Bojocalus oder ein andrer, bleibt dahingestellt; Skurinna mag die Angrivarier wieder vertrieben haben.

Hier erscheinen also die Angrivarier als Vertreter des Germanischen, Bojocalus als der des Römischen Interesses, und der Zug des Skurinna ist eine zu erwartende Reaktion der Römer gegen die Angrivarier.

Seite 12., Mitte. — Das Citat aus Strabo hat noch die alten Formen Εἰμόνδοροι und Λαγκόσαργοι. Ich nehme nicht gern Aenderungen an, die nicht ausdrücklich handschriftlich beglaubigt sind, da oft die Völkernamen in verschiedenen Variationen vorkommen. Warum ändert man denn nicht auch die unrichtigen Namen des Ptol., Βουσάκτεροι u. s. w.? Siehe die Aenderung in Kramers Ausgabe des Strabo.

Seite 17., Mitte. — Die Stelle: „Möglicherweise ... u. s. w." ist unklar. Der vorgehende Satz: „Und ähnlich... u. s. w." heisst natürlich: „Welchem Theile der Hermunduren die Bestimmung, dass sie unter den Donauanwohnern aufzuzählen seien, zugewiesen werden muss, ist unsicher. Vielleicht auch bezieht sie sich auf die Böhmischen Hermunduren, die allerdings der Donau nahe wohnten. Alsdann würde Propior, ut quo modo paulo ante Rhenum sic nunc Danuvium sequar, Hermundurorum civitas, und zugleich das ganze Cap. 41, die Böhmischen, und blos das Iuxta in Cap. 42 die Thüringischen Hermunduren betreffen.

Seite 22 oben. — Den Zufluss der Elbe, der von Osten kommt, hat mein Zeichner in der Karte vergessen, und ich habe die Lücke bei der Correktur leider übersehen. Die Quelle des Zuflusses ist etwa einen halben Zoll westlich von der Mitte des Ἀσκιβοίργιον ὄρος zu suchen.

Seite 23., unten. — „ausser den Σουῆβοι Ἀγγειλοί" ist ein Versehen; es soll heissen „Σουῆβοι Λαγγοβάρδοι."

Seite 38., Anm. 2. — Diese Anmerkung scheint Ptol. Oberflächlichkeit vorzuwerfen. Ich habe oben, im ersten Nachtrag bemerkt, dass ich diese Fehler den Quellen zuschreibe. — Die Notiz in Anm. 2 verdanke ich meinem Freunde Stelzner.

Seite 39., unten. — „Das widerspricht der Stellung die die Angrivarier eingenommen, völlig. Hier soll „Ampsivarier" stehen.

Beizufügen habe ich noch, dass ich „wohl" und „wol" unterscheide; „wohl" ist adjektivisch und adverbial (für gut); „wol" dagegen ist die gewöhnliche fragende oder voraussetzende Partikel. Der Schweizer unterscheidet Beides deutlich selbst in der Aussprache. „De bischt woll nüt gschüt" (Du bist wol nicht gescheidt); aber „en wohlversorgte Soh" (ein wohlversorgter Sohn). Dem Setzer ist's durcheinander gegangen, und ich bin noch kein geübter Correktor.

Für den Capitolinus habe ich die Ausgabe der Scriptores von Jordan und Eyssenhardt benutzt. Die Abweichung des Textes im D. Th. III. ist ein Versuch, Ordnung in die Namenmenge zu bringen. Dankringer für Lacringes habe ich von Dio.

Eine schöne Durchzeichnung, welche mir Herr Franz Wöher, Hülfsarbeiter bei der Wiener Hofbibliothek, durch freundliche Vermittelung des Herrn Präsidenten Dr. v. Karajan angefertigt, hat es mir ermöglicht, die in Wien befindliche handschriftliche Ptolemäuskarte (Codex Graec. L.) mit der die ich nach dem Texte entworfen habe, zu vergleichen.

Die Wiener Karte ist sehr schön und deutlich; die Völkernamen, fast vollständig eingetragen, sind durch roth Zinober ausgezeichnet; die Städte nehmen keinen solchen Raum ein, wie in der Athoskarte.

Dass beide Karten direkt derselben Quelle zuzuschreiben seien, bezweifle ich. Wol sind Aehnlichkeiten vorhanden, die auf eine nicht sehr weite Verwandtschaft hindeuten, allein es sind auch Unähnlichkeiten da. Z. B. sind in der Athoskarte die Namen der Inseln auf die Inseln selbst, in der Wiener dagegen unter dieselben geschrieben. Ferner sind die Völkernamen auf dem Chersones ungleich

gestellt: während in der Athoskarte Σιγούλωνες und Σαβα-
λίγγιοι nebeneinander stehen, so stehen sie in der Wiener
übereinander. Τευτονοάροι und Οὐίρουνοι sind gleich, aber
in der Stellung der Σουῆβοι = Σέμνονες ist eine Verschie-
denheit: die Letzteren sind in der Athoskarte nur bis zum
χαλοῦσος ποταμός geführt, und die beiden Theile des Namens halb untereinander geschrieben [1]); in der Wiener dagegen stehen die Theile des Namens neben einander, und
reichen bis zum Σουῆβορπ. Aehnliche Verschiedenheiten
zeigen sich in der Zeichnung. Will man die Gemeinsam-
keit der Quelle behaupten, so muss man annehmen, dass
der Zeichner der Athoskarte nicht nur ein ungeschickter,
sondern auch ein leichtsinniger Copist gewesen sei, was
allerdings möglich ist. Jedoch habe ich noch ein Bedenken. Die Völker des Chersones treffen in der Fassung der
Athoshandschrift mit dem Texte weit besser zusammen,
als in der der Wiener. Hier würde also der Leichtsinn
dem Zeichner der letzteren vorzuwerfen sein, was zu thun
ich Anstand nehme. Eine Aehnlichkeit muss ich jedoch
auch noch erwähnen. Sie liegt in dem Namen des Chersonnes. Derselbe steht bei Beiden übereinstimmend an
der Ostküste entlang. In der Wiener Karte ist bei χερσονῆσος das ε in einer einem umgekehrten σ ähnlichen
Form über das Ρ geschrieben; das folgende σ ist zu Ρ
geworden. In der Athoskarte findet sich über das χ ein
σ geschrieben, dann folgt ερόνος. Beide Fassungen sind
sehr ähnlich; die der Wiener Karte ist die ursprüngliche.
Auch ist die Stellung der Σημανοῦς ὕλη gleich. Weiter
kann ich nicht gehen; ich zweifle, dass die Karten denselben
ben Vater haben, denselben Grossvater gestehe ich ihnen
zu. Vielleicht steckt hinter dem (Seite 10 erwähnten) Σαρα
und Σαρμεκα der Athoskarte eine Spur von ΜΕΓΑΛΗ
ΓΕΡΜΑΝΙΑ der Wiener Karte. —

Die Wiener Karte für sich betrachtet, widerspricht

---

[1] Siehe Seite 10.

dem Text oft in ganz auffälliger Weise. Z. B. ist auf den Gebirgszug der Rauhen Alp geschrieben: σαρματικὰ ὄρη τὰ ς᾽ ἄπια. Am wichtigsten für uns ist die fehlerhafte Stellung der Völkernamen. Mit den Namen der Küstenvölker und der zwischen Ἀβνοβα und Rhein können wir zufrieden sein; an der Donau ist einzig gegen einige Schreibfehler Einsprache zu erheben, wie παρμεκάμποι, ἀδραβακάμποι, μαρκομμανοί, ῥμκάται, ῥακατρίαι. Die Stellung ῾Ράκαται, die etwa mit der in meinem Entwurfe übereinstimmt, würde gegen die Lesart πρὸς τοῖς κάμποις sprechen.

Erhebliche Bedenken erregen jedoch die Völkernamen zwischen Ἀσκιβούργιον, Μηλίβοκον, Ἀβνοβα, und Σούδητα. Von der Nordspitze der Ἀβνοβα dicht unter dem Μηλίβοκον vorbei bis zur Elbe sind κασονάροι, νερτεβίανες, δανδοῦτοι aufgestellt. Zwischen den westlichen Enden des Μηλίβοκον und der Σούδητα in der Mitte τουρωνοι, unter diesen μαρουίνγοι, vom südlichen Ende der Ἀβνοβα nordöstlich gegen die Μαρουίγγοι χαιτονόροι. Nördlich der Σούδητα τευριχαῖμαι, südlich derselben οναριστοι, links unter diesen γαβρίτα ὕλη, rechts neben dieser μαρκομμανοί. Das Verhältniss der beiden letzteren ist auffallend der Wirklichkeit übereinstimmend. — Die Völker, welche gemäss dem Texte zwischen dem Μηλίβοκον ὄρος und den Τευριοχαῖμαι stehen sollten, sind nun in wüster Unordnung zwischen Elbe und Ἀσκιβούργιον (hier ἀσβικουργιον ὄρος) gerathen. Gleich unter den σύηβοι σεμνονες stehen westlich vom χαλοῦσος (dessen Quelle hier zwischen der Nordwestspitze des Ἀσκιβούργιον und der Ostspitze des Μηλίβοκον ist) λίγγαι, unter ihnen von der Quelle des χαλοῦσος bis zur Elbe χαιραγικοι, die Καλούκωνες fehlen gänzlich. Links unter den χαιρουσικοί, noch ein wenig höher als die Ostspitze des Μηλίβοκον welche unmittelbar von der Elbe berührt wird βατεινοί; rechts unter den Cheruskern κορκόντοι; rechts unter letzteren, gegen Osten bis zur Mitte des Ἀσκιβούργιον λουτιοι βουροι, von einem Fluss ganz umgeben, dessen oberes Ende am Ἀσκιβούργιον liegt, während das untere nicht ganz bis an's Gebirge geführt ist. Es scheint, dass dieses die Weichselquelle sein solle, da die Weichsel durch das Gebirge hindurchgeführt ist, und dass sie durch Verwechselung mit dem östlichen Zuflusse der Elbe an diese falsche Stelle gerathen sei. Allerdings hat die Weichsel noch eine Quelle, die gemäss dem Texte aus dem Ostende des Ἀσκιβούργιον kommt. Unter der Oeffnung des Gebirges wo die Weichsel hindurchgeführt ist, steht πρῶτοισι, die Σίδωνες, von denen es im Texte heisst: ὑπὸ δε τούτους (τοῦς Λούγιους Βούρους) πρῶτοι Σίδωνες. Links von ihnen stehen bis zur Elbe βαινοχαιμαι und καμαυοί, letztere die Elbe berührend. Dicht unter dem linken Ende der Βαινοχαῖμαι stehen χάτται, unter dem rechten Ende aber κῶγνοι. Unter den Chamaven stehen von Südwest nach Nordost, von den Τευριοχαῖμαι bis zu den Χάτται, zu beiden Seiten der Elbe τουβαντοι. Am östlichen Ende der Σούδητα stehen ουισβούργοι, den grösseren Raum zwischen diesen und den κῶγνοι und πρῶτοισι füllt der in mächtigen Lettern geschriebene Name ΜΕΓΆΛΗ ΓΕΡΜΑΝΊΑ aus. Bemerkenswerth ist, dass unter den Quaden λουνα ὕλη, über ihnen aber σιδηρωρυχεῖα steht, die Eisenbergwerke also, eigentlich dem Texte widersprechend, gänzlich von der Λούνα ὕλη getrennt sind. ορχυνιος δρυμός ist unmittelbar vom rechten Ende der Σούδητα bis nahe zu den σαρματικά ὄρη geschrieben, steht also dicht unter den ουισβούργοι.

Der Vergleich mit dem Texte wird ergeben, dass die Karte nur sehr mittelbar von der des Ptolemäus stammen kann, ja ich zweifle ob sie überhaupt von ihr stammt. Die πρῶτοισι sind fast ein Beweis für meinen Zweifel. Ptolemäus kann unmöglich πρῶτοισιδωνες als Namen aufgefasst in seine Karte eingetragen haben, dieses wird nur einem Ungeschickten zuzuschreiben sein. Es wäre noch annehmbar, dass ein früherer Zeichner den Namen der Σίδωνες in seiner Quelle nicht mehr habe entziffern können, und dass er desshalb den Text zu Rathe gezogen habe. Allein eine

Analogie findet sich in σαρματικὰ ὄρη τὰ ς ἄλπια und in βαίμοι μεγα ἔθνός was schwerlich von Ptolemäus herstammt. Ich will die Frage nicht entscheiden, denn der geometrische Apparat zeigt, dass mindestens ein Mathematiker nach Verlust der eigentlichen Ptolemäuskarte dieselbe aus dem Texte rekonstruirt haben müsste.

Ich will noch die Abweichungen in den Völkernamen geben. ἄξωνες für Σάξονες; ἀνγριγουαριοι (übereinstimmend mit dem Texte der Athoshandschrift) für Ἀγγριονάριοι; Φὒσσιοι für Φρίσσιοι; τέγγεροι für Τέγκεροι; οὐαρτίωνες für Οὐαργίωνες, ein Beispiel aus vielen Verwechselungen des Γ und Τ; οἰησασοί für Οὐισποί; bei den Ἀγγειλοί und Σέμνονες ist σύηβοι für Σουῆβοι geschrieben; δουλγούμνι für Δουλγούμνιοι; τευτονδάροι für Τευτονοάροι; Φαροδινοί für Φαροδεινοί; ἄναρποι für Αὔαρποι (= Αὔαρνοι); σειδηνοί für Σένδινοί; βούγουντοι für Βουγοῦνται; αἴλουωνες für Αἴλουαίωνες; λουτιοι ὁμαιοι für Δούγιοι Ὁμανοί; λουτιοι διδοῦνοι für Δούγιοι Δοῦναι (oder doch Διδοῦνοι?). —

Die Namen der Städte, in denen auch viele Fehler stecken, lasse ich bei Seite. In Betreff der Gebirge ist folgendes zu bemerken. Dass das Ἀσκιβούργιον in zwei Theile zerfällt, ist bereits gesagt. Σαρματικὰ ὄρη erstreckt sich richtig von Nord nach Süd, hat jedoch einen sehr grossen Ausläufer von der Südspitze nach Ost. Die Südspitze der Ἀβνοβα und die Ostspitze der Ἄλπια sind durch einen Gebirgsrücken verbunden; die ἑλουητίων ἔρημος hat die Stellung der meinigen, also westlich von der Verbindung. In Betreff der Flüsse ist folgendes zu bemerken. Οὐίδρος entspringt in der Nordspitze der Ἀβνοβα (bekanntlich verschweigt der Text die Quelle); αμάσιος entspringt in der Westspitze des Μηλίβοκον; Ἄλβις entspringt in der Ostspitze der Σούδητα, und berührt die Ostspitze des Μηλίβοκον; die Quelle des χαχουνο (χαλοῦσος) ist oben angegeben (auch sie verschweigt der Text); σοῦηβο (Σουῆβος) entspringt in der Westspitze des Ἀσκιβιύργιον, Οὐίαδος entspringt in demselben Gebirge (auch seine Quelle verschweigt der Text). Die Doppelquelle der Weichsel ist oben erwähnt, ebenso das Fehlen des östlichen Elbzuflusses. An der Donau fehlt die March, der Rhein ist sehr gerade gezeichnet, und hat nur eine Mündung.

Das Endresultat scheint mir, dass die Wiener Karte viel zu unsicher und zu indirekt kopiert ist, als dass sich aus ihr Beweise schöpfen liessen. Möge ein gütiges Schicksal eine noch ältere in die Hände der Forscher gelangen lassen! Doch würde es recht verdienstlich sein, wenn ein tüchtiger Philolog und Historiker einmal die ererbten Karten kritisch edieren wollte.

Verzeichniss der Abkürzungen.

Z.: Zeuss, die Deutschen und die Nachbarstämme. — Seiten.
C.: Caesar. — B. G.: Bellum Gallicum. — Kapitel.
T.: Tacitus. — G.: Germania. — A.: Annales. — H.: Historiae. — Kapitel.
St.: Strabo. — Bücher.
D. C.: Dio Cassius. — Kapitel.
V. P.: Vellejus Paterculus. — Kapitel.
Pt.: Ptolemäi Germania.
Tab. Pent.: Tabula Pentingeriana.
Pli.: Plinius. — N. H.: Naturalis Historia. — Kapitel.
Cap. Ant.: Capitolini M. Antoninus Philosophus. — Kapitel.